먹어는 봤어도 알지는 못했던
음식 인문학 만화
2025년 10월 30일 초판 1쇄 발행

저　자	리쿤
편　집	이열치매
디자인	김애린, 김예은
마케팅	이수빈
발행인	원종우
발　행	㈜블루픽
주　소	(13814)경기도 과천시 뒷골로 26, 2층
전　화	02-6447-9000
팩　스	02-6447-9009
이메일	edit@bluepic.kr
가　격	22,000원
ISBN	979-11-6769-440-9 07900

이 책의 판권은 저작권자와의 독점계약으로 블루픽에 있습니다.
저작권법이 한국 내에서 보호하는 저작물이므로 무단 전재와 무단 복제를 금합니다.

먹어는 봤어도  알지는 못했던

음식인문학만화

-식탁 위에서 펼쳐지는 맛있는 이야깃거리들-

글·그림 리쿤

길찾기

작가의 말

CONTENTS

1. 케첩 KETCHUP · 9
- 1-1. 케첩 오리진(Origin) · 11
  - 케첩편 자투리 1 해즙의 다른 미래 · 19
- 1-2. 토마토 케첩 · 23
  - 케첩편 자투리 2 특허약 케첩 · 29

2. 맥주 BEER · 31
- 2-1. 고대 문명의 맥주 · 33
  - 맥주편 자투리 1 맥주 신의 축복 · 40
- 2-2. 중세의 맥주 · 45
  - 맥주편 자투리 2 신부의(bridal) · 50
- 2-3. 새로운 맥주 라거(Rager) · 55
  - 맥주편 자투리 3 맥주 순수령(Reinheitsgebot) · 60

3. 감자 POTATO · 63
- 3-1. 감자의 탄생 · 65
  - 감자편 자투리 1 감자는 뿌리가 아니다 · 73
- 2-2. 혐오 식품 감자 · 77
  - 감자편 자투리 2 아일랜드의 감자 · 86
- 2-3. 세상을 구한 구황작물 '감자' · 91
  - 감자편 자투리 3 대항해시대와 감자 · 101

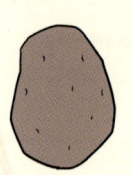

4. 파스타 PASTA · 103
- 4-1. 파스타의 탄생 · 107
  - 파스타편 자투리 1 이탈리아에서 탄생한 마카롱 · 113
- 4-2. 파스타 발전사 · 117
  - 파스타편 자투리 2 동·서양의 면 문화 · 130
- 4-3. 파스타와 이탈리아 통일 · 137
  - 파스타편 자투리 4 파스타를 금지한 이탈리아 · 145
- 외전. 미국으로 간 파스타 '스파게티' · 151
  - 파스타편 자투리 5 카르보나라(Carbonara) 이모저모 · 164

5. 코카·콜라 COCA-COLA · 167
- 5-1. 코카·콜라 오리진(Origin) · 169
  - 코카·콜라편 자투리 1 사이다 · 178
- 5-2. 청량음료 코카·콜라 · 183
  - 코카·콜라편 자투리 2 환타 · 192
- 5-3. 제2차 세계 대전과 코카·콜라 · 197
  - 코카·콜라 자투리 3 미국의 설탕 제한령 · 203
- 5-4. 코카·콜라 VS. 펩시 · 209
  - 코카·콜라편 자투리 4 우주 콜라 전쟁 · 220

6. 초콜릿 CHOCOLATE 223

- 6-1. 초콜릿의 탄생 225
  - 초콜릿 편 자투리 1 아즈텍의 쇼콜라틀 레시피와 마시는 방법 234
- 6-2. 아즈텍의 멸망과 초콜릿 241
  - 초콜릿 편 자투리 2 슬픔의 밤(The Night of Sorrows) 252
- 6-3. 유럽의 초콜릿 261
  - 초콜릿 편 자투리 3 귀족의 수제 초콜릿 272
- 6-4. 디저트 초콜릿 277
  - 초콜릿 편 자투리 4 찰리와 초콜릿…마을? 288
- 외전. 사랑의 묘약 초콜릿 293
  - 초콜릿 편 자투리 5 카카오 열매의 맛 308

7. 프라이드 치킨 CHICKEN 310

- 7-1. 닭(Chicken) 313
  - 프라이드 치킨 편 자투리 1 동물계의 이브이 '닭' 324
- 7-2. 생존 음식 치킨 331
  - 프라이드 치킨 편 자투리 2 케이준 스타일 339
- 7-3. 치킨 르네상스 345
  - 프라이드 치킨 편 자투리 3 흑인 탄압 배경과 함의 저주 360

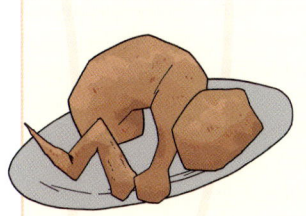

8. 커피 COFFEE 368

- 8-1. 이슬람의 커피 371
  - 커피 편 자투리 1 이슬람의 커피 금지 소동 382
- 8-2. 유럽의 각성제 커피 389
  - 커피 편 자투리 2 영국의 홍차, 프랑스의 커피 400
- 8-3. 인스턴트 커피 전성시대 407
  - 커피 편 자투리 3 이탈리아의 에스프레소 418

9. 햄버거 HAMBURGER 420

- 9-1. 햄버거의 탄생 423
  - 햄버거 편 자투리 1 소와 물타기(Watered stock) 432
- 9-2. 1920 햄버거 441
  - 햄버거 편 자투리 2 햄버거 왕좌의 게임 451

맺음말 456
참고문헌 458

음식 인문학 만화

중국 한나라의 7대 황제 한무제(기원전 156년~87년)는
영토 확장을 위해 남부 지역으로 향했는데

생전 처음 맡아보는 맛있는 냄새를 맡게 된다.

그 냄새는 생선을 발효시킨 '해즙'이라는 생선 젓갈이었고

황제를 매료시킨 '해즙'은 중국 전역으로 퍼지게 된다.

중국 전역으로 퍼진 '해즙'은
17세기 동인도 회사를 통해 유럽으로 건너가

우리가 알고 있는 '케첩'으로 발전하게 된다.

1
케첩
KETCHUP

1-1
케첩 오리진(Origin)

17세기, 동인도 회사를 통해 해즙은

중국과

해즙(鮭汁)
꾸에찌압(Kôe-chiap)

인도네시아를 거쳐

케찹
Kecap

*인도네시아어로 소스라는 의미이다.

유럽으로 들어오면서 케첩으로 불리게 된다.

케첩
Ketchup

그러나 무역상을 통해 유럽으로 전달된 중국 본토의 케첩은

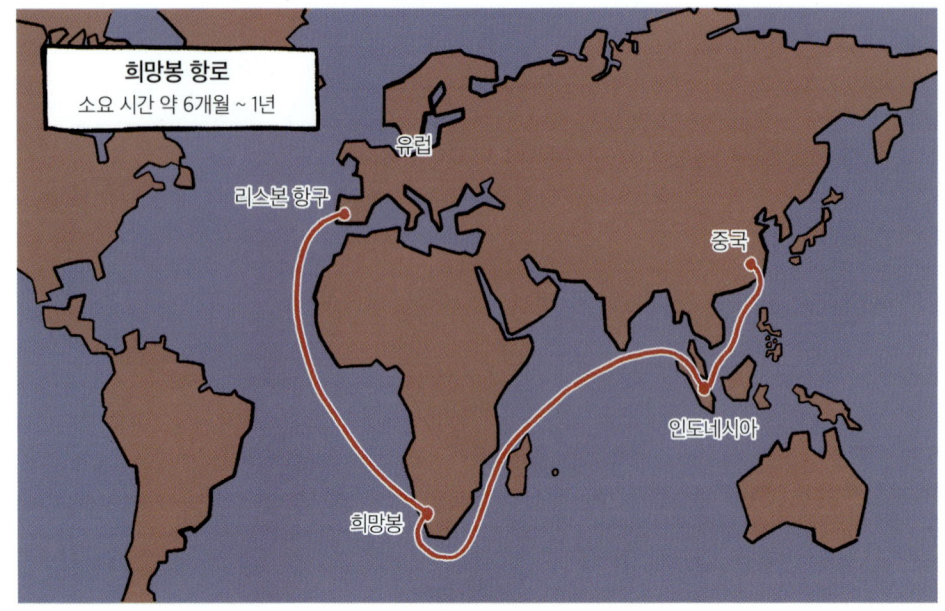

긴 항해 기간이 필요한 만큼 가격도 비쌌기에

유럽인들은 흔히 구할 수 있는 재료로 케첩을 만들기 시작했다.

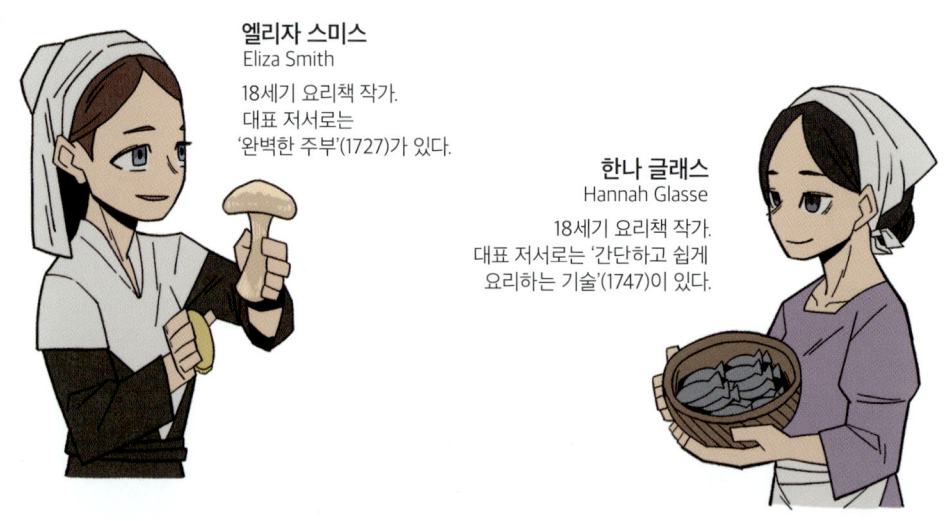

유럽에서 만든 케첩의 주 재료는 '버섯'과 '생선'이었고

양송이 버섯
Agaricus bisporus
주름버섯속 식용 버섯

유럽 멸치
European anchovy
청어목 멸치과의 바닷물고기

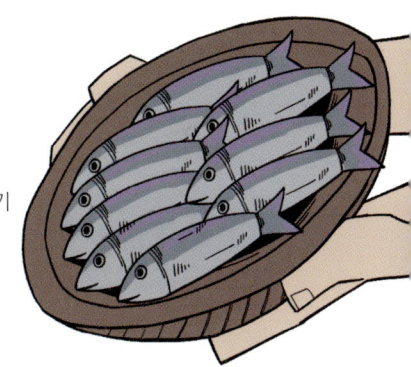

토마토는 아직 케첩의 재료로 사용되지 않았다.

왜냐하면

"사모님들…"

끼이익…..

17세기 유럽에서 토마토는 저주받은 식물로 취급되었기 때문이다.

꺄아아악!!

IT

이것 하나... 사실래요…?

그것 (토마토)

토마토는 악마의 식물이라고 불리우던 맨드레이크와 닮았고

토마토
Tomato
가지과에 속하는 식물.
다 익은 상태에서는 독이 없지만
익지 않았을 때는 독이 있다.

맨드레이크
Mandrake
마취, 환각 성분이 들어있어
악마의 식물이라고 불렸다.
'만드라고라'라고도 불린다.

성경의 선악과가
사실 토마토였다는 소문

독성이 있다는 소문까지 더해져

토마토는 식용보다는 정원을 꾸미는 관상용 식물로 취급되고 있었다.

중국 한나라 7대 황제 한무제의 여행으로
중국 전역으로 뻗어나간 해즙은

유럽으로 건너가 케첩이 되었고

해즙의 발효 기술이 일본으로 넘어가

초밥이 되었다.

이어지는 초밥 이야기는 언젠가...

그리고 19세기,
미국에서 처음으로 토마토를 이용한 케첩이 만들어지게 되었지만

유럽 문화가 남아있었던 미국인이
토마토를 극복하는 데에는 꽤나 오랜 시간이 걸리게 된다.

윽… 토마토?

① 케첩
KETCHUP

1-2 토마토 케첩

19세기 중반에 일어난 남북전쟁도
토마토의 대중화를 이끄는 데 큰 역할을 한다.

전쟁 당시 수많은 병사들에게 지급할 보존 식량이 필요했고

이때 통조림 음식이 퍼져나가기 시작했는데

값싸고 건강한 재료인 토마토 또한 통조림으로 제작, 보급되어
토마토 대중화에 앞섰다고 한다.

토마토 통조림

남북 전쟁 이후 본격적으로 토마토 케첩이 만들어지기 시작했지만

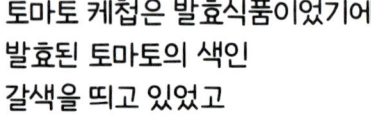
토마토 케첩은 발효식품이었기에
발효된 토마토의 색인
갈색을 띄고 있었고

설탕을 넣지 않았기 때문에
시큼한 맛이었다.

오늘날의 토마토 케첩은 사업가에 의해 완성된다.

핸리 존 하인즈
Henry John Heinz
하인즈 케첩의 창시자

핸리 존 하인즈는
소비자 기호에 맞춰 케첩을 빨간색으로 만들었고

설탕과 식초를 넣어 발효를 막아 저장성을 높였다.

토마토와 설탕, 식초로 만들어낸 소스는
중국의 해물 젓갈 '해즙'과는 완전히 다른 소스가 되었고

우리에게 익숙한 토마토 케첩이 되었다고 한다.

음악 민족지 번역

그들 모두

맥주를 사랑했다!

② 맥주
BEER

2-1
고대 문명의 맥주

기원전 5000년 맥주는 농경 생활과 함께 탄생했다.

농경 생활을 시작한 인류는 곡식을 으깨어 죽 형태로 만들어 먹었는데

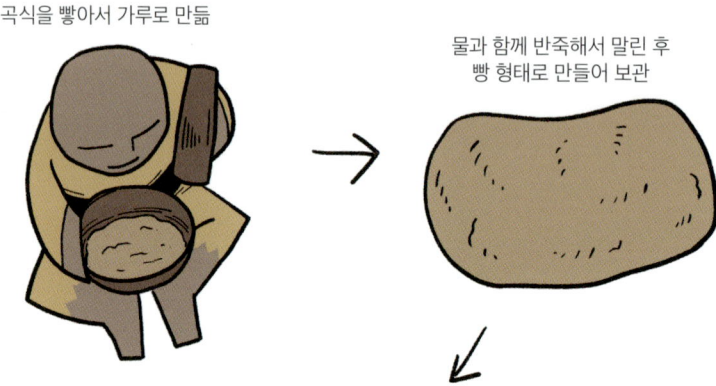

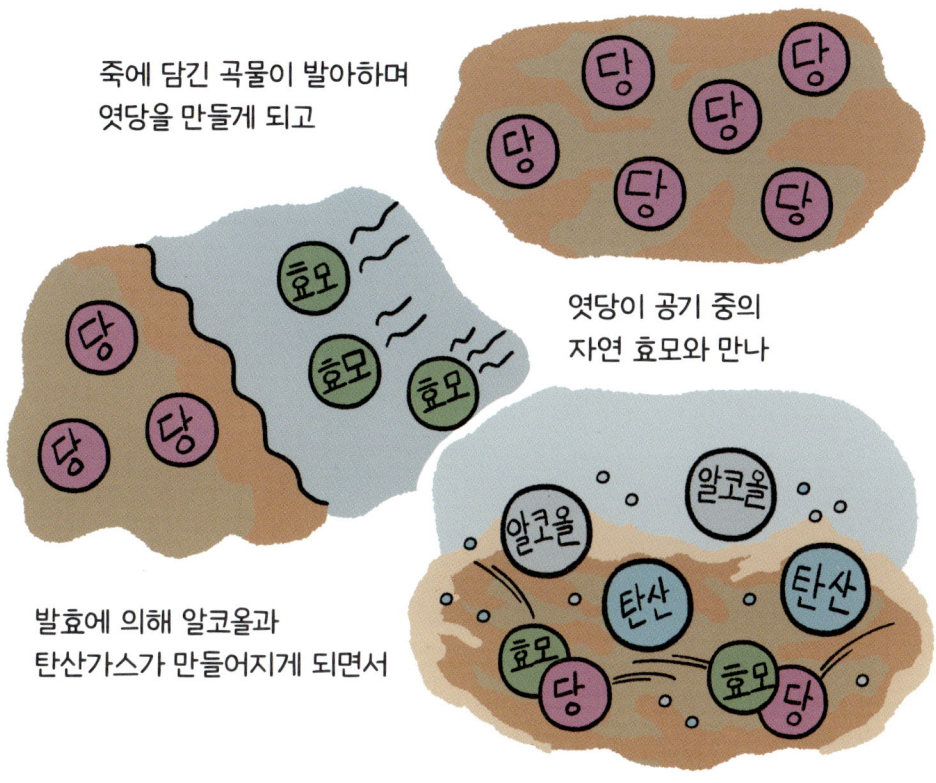

메소포타미아 문명에서 맥주는 술의 여신 '닌카시'의 은총으로 여겼다.

곡물을 저장한 구덩이와 곡물 죽 항아리에서
갑자기 맥주가 만들어졌고

맥주를 마시면 활력이 솟아나고 기분이 좋아지니

사람들은 맥주를 신의 은총이라고 생각했다.

우연히 탄생한 맥주는 고대 문명에서 다양한 용도로 사용되었다.

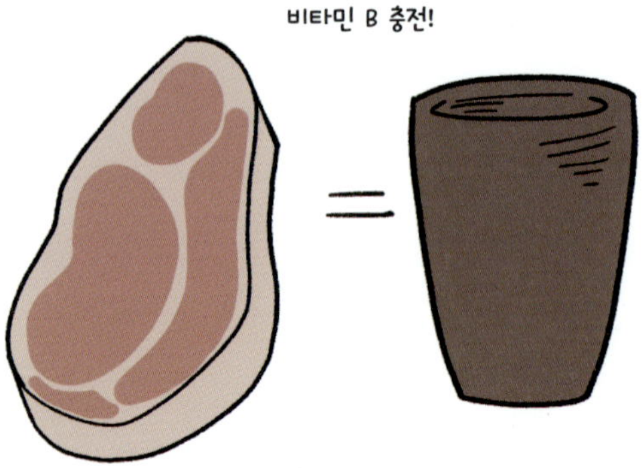

육류 섭취가 부족해
채울 수 없었던 비타민 B를
채워주는 건강식

끓인 물로 만들었기에
안심하고 마실 수 있는 음료

제사에 올리는 공물

고대의 맥주는 생활 필수품 이었고
맥주 양조와 빵 제작은 여성의 일이었다.

여성들은 자신만의 맥주 항아리를 가지고 있었는데
맥주 양조를 하나의 항아리로 반복했다.

반복 사용된 맥주 항아리는 신의 축복을 받아
더 좋은 맥주를 만들 수 있다는 전승이 내려오기 때문이었다.

이러한 전승에 따라서
실제 당대 맥주 항아리를 조사해보니

반복해서 사용된 항아리의 금 사이에
맥주 효모가 남아있었고

항아리의 금 사이에 있던 효모가 맥주를 만드는 데 도움이 되어
맥주 항아리에 대한 전승이 만들어졌다고 밝혀졌다.

맥주와 와인은 거의 비슷한 시기에 탄생했다.

와인
Wine
기원전 6000년 경 추정.
도기의 제작 이후
만들어졌다고 한다.

맥주
Beer
기원전 5000년 경 추정.
농경 사회 시작과 같이
만들어졌다고 알려졌다.

그러나 포도를 재배할 수 있는 지역은 한정되어 있었기에

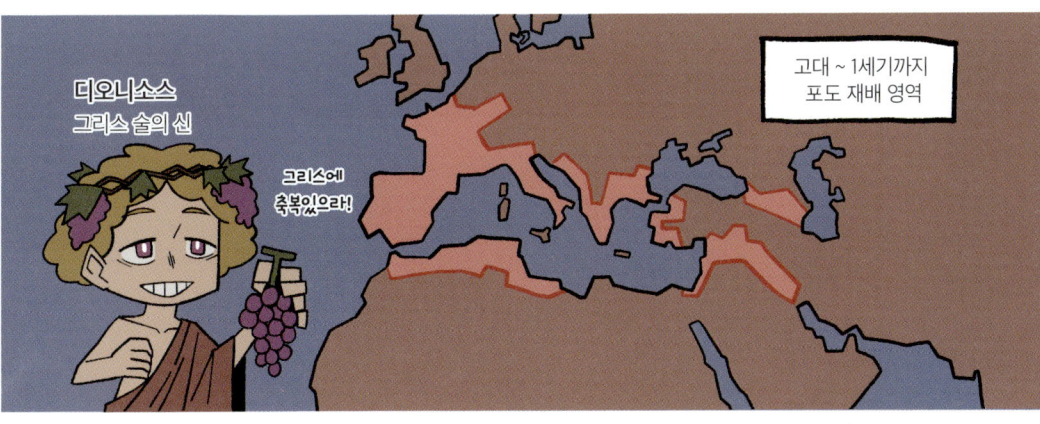

포도를 재료로 만드는 와인은
맥주보다 더 높은 가치를 가지고 있었다.

그래서 포도를 재배할 수 있는 기후의
그리스, 로마 사람들은 와인을 즐겨 먹었고

올림포스 산

이것이 고대이다!!
그리스 로마 편

콜로세움

드넓은 포도밭

맛 좋은 와인

고양이

신나는 음악

포도를 재배할 수 없는 지역의 문명에서는
맥주를 마시는 문화가 발달하고 있었다.

얼음새

설산

이것이 고대이다!!
게르만 편

맥주

불곰

쌍도끼

② 맥주 BEER

2-2
중세의 맥주

4세기 게르만족의 대이동이 시작되고

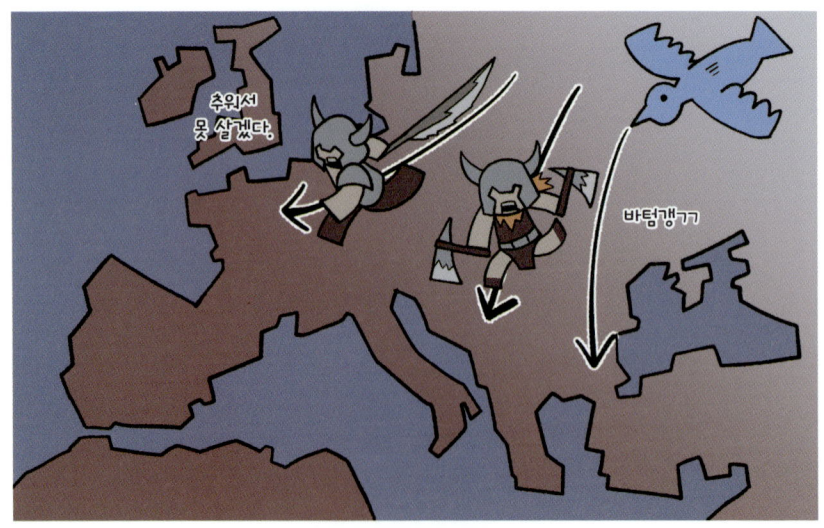

로마의 몰락과 함께 본격적인 중세가 시작되며

게르만족이 가지고 있던 맥주 문화는
유럽 전역으로 퍼지게 된다.

유럽으로 전파된 맥주는 수도사들에 의해 만들어졌다.

수도사들은 야생 허브를 이용하여 '그루트'를 만들었고

그루트를 이용해 만든 전통 맥주를 '에일'이라고 불렀다.

수도사들은 계속해서 여러 가지 조합의 그루트를 이용해 맥주를 만들었다.

그루트에 독초를 넣어서
맥주를 만들어보기도 하고

사형수의 손가락을 잘라 넣어
맥주를 만들어보기도 하는 등
엽기적인 행보를 보였다.

여러 가지 시도를 거쳐
맥주의 주요 재료로 선택된 것이

'홉'이다.

홉
hop
맥주에 향미를 더하는
첨가제로 쓰인 식물.
맥주 특유의 향미와 쓴 맛의
원천이다.

홉의 쓴맛이 첨가된 맥주는 엄청나게 맛이 좋았고
항균 작용이 있어 맥주의 산패도 막아주니

이귀귀던~~

홉으로 만든 맥주는 유럽 전체로 뻗어나갔다.

현대의 '신부파티'는 결혼을 앞둔 신부를 축하하는 파티 문화지만

신부파티
Bridal Shower
'bridal(신부의)'과 'shower(소나기)'의 합성어. 신부 친구들의 우정이 소나기처럼 쏟아진다는 표현에서 생겨났다.

신부파티의 시작은 결혼 지참금이 부족한 가난한 신부를 위해 친구들이 돈을 모아주는 16세기 문화였다.

신부는 주변 사람들을 모아 신부파티를 열어
직접 담근 맥주를 팔아서 지참금을 모았다고 한다.

여기서 '신부(bryde)'와 '맥주(ale)'라는 단어가 합쳐져서

신부   맥주

bryde + ale

= bridal : 신부의

'신부의'를 뜻하는 형용사 bridal이라는
단어가 만들어졌다고 한다.

중세 유럽에서 맥주 양조는
그루트 사용료를 징수하는 수도원이 독점하고 있었다.

그러나 여러 가지 병폐로 인해 가톨릭의 영향력이 점점 줄어들자

16세기 이후 가톨릭 교회가 그루트 사용료 징수를 중단하면서

민간 수공업자 모임 '길드'가 맥주 양조를 주도하게 된다.

② 맥주 BEER

2-3 새로운 맥주 라거(Lager)

민간의 양조 장인들은 맥주를 만들기 시작했지만

유럽 내륙 지방의 뜨거운 여름은 맥주 장인들의 골칫거리였기에

높은 온도 → 미생물 과증식 → 맥주 산패

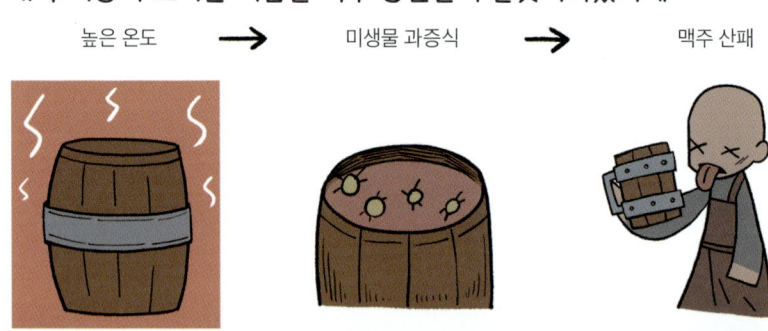

독일의 맥주 장인들은 한겨울에 굴을 파 얼음을 채우고 그곳에 맥주를 숙성시키게 된다.

독일의 기술력은 세계 제이이이이일!!!

이때 저온에서 발효를 시작하는 '하면발효 효모'가 활동하게 되고

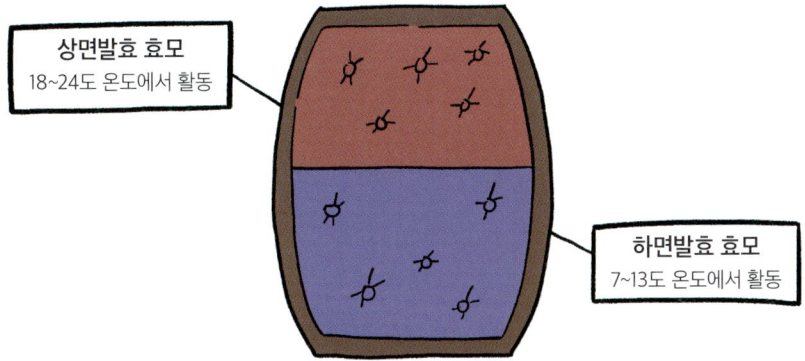

상면발효 효모
18~24도 온도에서 활동

하면발효 효모
7~13도 온도에서 활동

하면발효 효모에 의한 최초의 맥주가 만들어지게 되는데

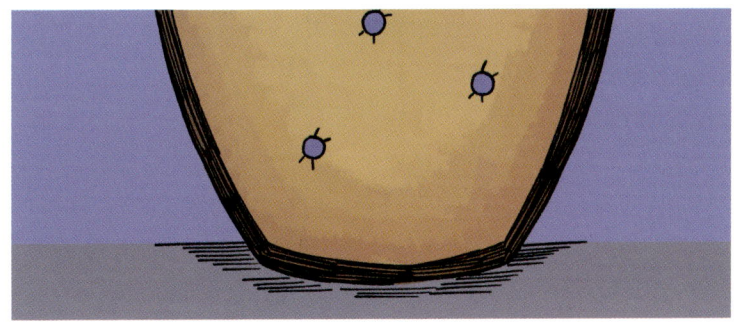

이때 탄생한 맥주가 '저장하다'라는 의미를 가진

'라거(Lager)'이다.

라거
Lager
투명한 황금빛과 향이 약한 맥주.
강한 탄산이 특징이다.

독일에서 우연히 탄생한 라거는

저온에서 숙성하기에
산패율이 적었고

황금빛 필젠 라거와
유리잔의 보급으로
인기의 정점을 찍었다.

이에 더해
19세기 냉동기의 발명은
계절에 관계 없이 라거를 생산할 수 있게 해주었다.

깨끗한 맛의 라거는 세계인의 입맛을 사로잡았고

맥주를 세상에서 가장 대중적인 음료로 만들었다.

16세기 독일 바이에른에서는 맥주의 재료를 제한하는
'맥주 순수령'이 시작된다.

맥주 순수령은 맥주의 재료를 보리, 물, 홉으로 제한하는 법이다.

맥주 순수령이 내려진 첫 번째 이유는
식량으로 사용할 곡물을 확보하기 위함이었고

두 번째 이유는
바이에른의 맥주 양조자들의 맥주 품질이 불량하자

귀족들은 북독일의 맥주를 수입해서 먹었는데,
이로 인한 경제적 손실이 막심했기에

남독일 맥주의 경쟁력을 키우기 위한 강제 조치였다.

맥주 순수령
Reinheitsgebot

맥주를 만들 때 이상한 것 넣으면 사형.

16세기에 시작된 맥주 순수령은 1988년 폐지되었지만

수백 년 동안 한정된 재료로 맥주를 만들어야 했던 독일 맥주의 수준은 세계적인 경지로 올라갔다고 한다.

우리들에게 너무나도 익숙한 식품인 감자는 근 현대의 일상식이지만

감자는 16세기에 들어서야 세상으로 퍼져나갔기에

감자는 꽤나 오랜 시간 인류의 것이 아니었다.

감자의 역사는 기원전 3000년
남아메리카 대륙의 안데스 산맥에서
시작되었으며

안데스 산맥의 극한의 환경 속에서

후에 인류를 구원하게 되는

감자가

탄생하게 된다.

③

감자
POTATO

—

감자의 탄생

남아메리카 서부 안데스 산맥은 해발 고도 6000M에 달하는
아메리카 대륙에서 가장 거대한 산맥이다.

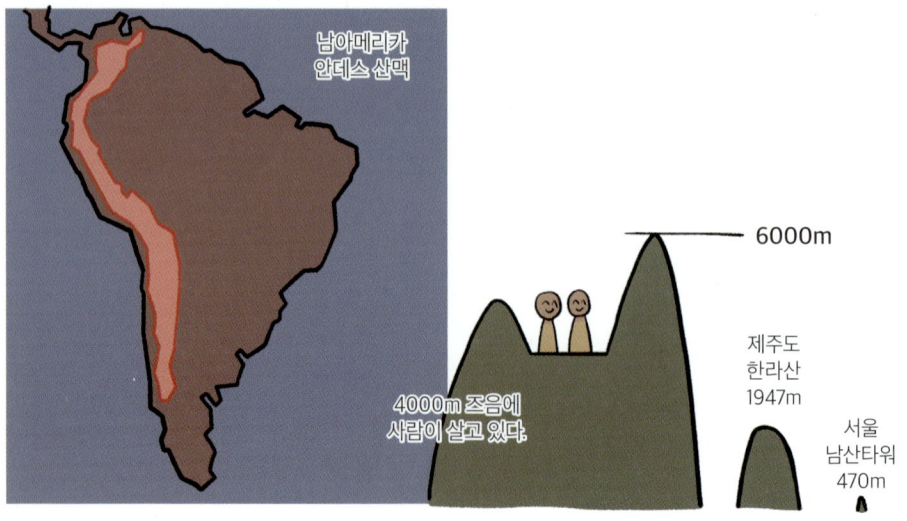

안데스 산맥이 있는 남아메리카 지역은
적도에 가까운 열대 기후지만

안데스 산맥의 식물은 가혹한 환경에서 살아남을 수 있도록 진화했는데

이 때 탄생한 식물이

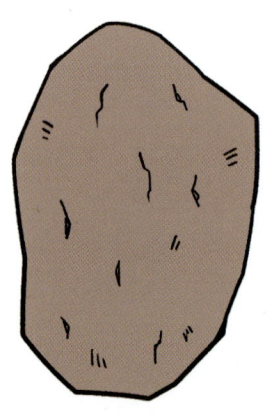

'감자'이다.

감자
Potato
가지과의 여러해살이 식물.
대표적인 구황작물이며,
벼, 밀, 옥수수와 함께
세계 4대 작물에 해당한다.

가혹한 환경 때문에 보통의 작물이 자라기 어려웠던 안데스 산맥에서

감자는
라마와 알파카의 먹이로
사용되었고

늬집에는 이런 것 없지?
리마~

원주민들의 식사로도
사용되었다.

15세기 안데스 지역을 통일한 잉카 문명에서도
감자는 중요한 식품이었다.

마추픽추
Machu Picchu
세계 7대 불가사의.
안데스 산맥의 해발 고도 2400m에 위치하고 있다.
유네스코 세계 문화유산으로 지정되어 있다.

잉카 문명 사람들의 주식은 옥수수와 감자였는데

옥수수는 술 혹은 팝콘으로 만들었고

치차
chicha
옥수수로 만든
저알코올 양조주

팝콘
popcorn
다른 첨가물 없이
옥수수를 구워서 만든
최초의 팝콘

감자는 밟아서 수분을 뺀 뒤 얼리고 녹이기를 반복하여

8~9번 반복

낮에 녹인다. 밟아서 수분 빼기 밤에 얼린다.

보존식 '추뇨'로 만들었다.

추뇨
Chuño
상온에서 10년,
냉동건조 시 20년 보관 가능한
보존 식품.
잉카 문명의 원주민들의 주식이다.

시간이 흘러 16세기,
스페인 원정대는 안데스 지역의 잉카 문명에 도달했다.

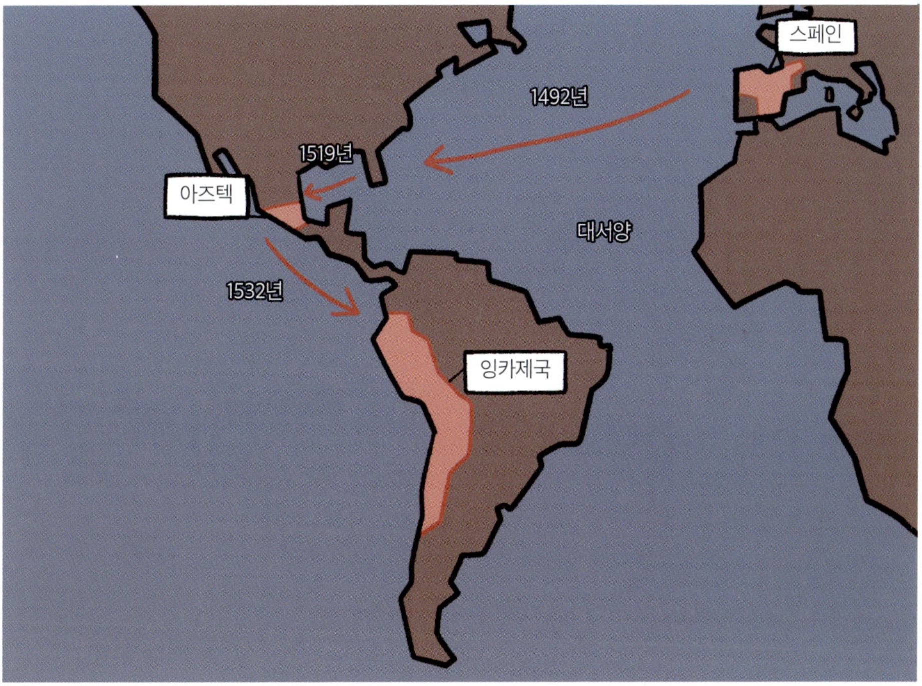

스페인 원정대는 감자의 유용성에 주목했고

남아메리카 식민지 개발에 추뇨를 적극적으로 활용했다.

먹고 일해!!

이런 마을 싫어어어엇!!!

금광

그리고 감자는 식민지의 황금과 함께 유럽으로 향하게 된다.

스페인

파나마

감자 편 자투리 1 ✕ **감자는 뿌리가 아니다**

감자는 흙 속에서 자라기에 뿌리같이 보이지만

감자는 사실 줄기이다.

감자의 구조는 다음과 같다.

두꺼운 원줄기를 따라

온도가 따뜻한 땅 속으로
줄기가 자라고

땅 속 줄기는
수평으로 뻗어나간다.

땅 속 줄기 끝에는
영양분을 저장한 '덩이줄기'가 생겨나는데

그 덩이줄기가 바로 감자이다.

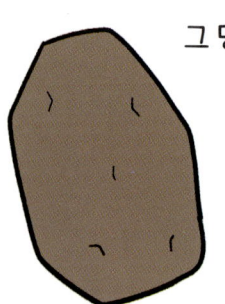

낙타의 혹과 비슷하다고 생각하자.

16세기 유럽의 어딘가

③

감자
POTATO

3-2
혐오 식품 감자

스페인으로 돌아가는 스페인 원정대는 식량으로 감자를 사용했다.

감자를 먹으며 무탈하게 항해를 마친 스페인 원정대는 감자의 유용함을 이야기했지만

이거 괜찮은데?

그렇죠?

경계 중

유럽 본토 사람들의 감자에 대한 첫 인상은 좋지 않았다.

이걸... 먹으라고?

doctrine of signature
藥徵主義
약징주의

'약징주의'는
신이 인간을 치유하기 위해
식물의 색과 모습을 정했다는 주장.

그렇기에 약징주의는
신이 남긴 창조의 흔적을 따라

'인간의 생김새와 비슷한 식물을 먹어야 건강에 좋다.'

고 이야기한다.

약징주의에 따르면

호두는 뇌에

비트는 피에

바나나는 남성 생식기에 좋았다.

안 꺼내려고 했건만…

그러나 감자는

문둥병 환자의 손을 닮았고

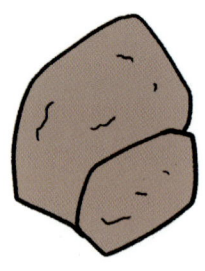

싹이 난 부분에는 독

잘라놓은 감자는
불길한 검은색으로 변하며

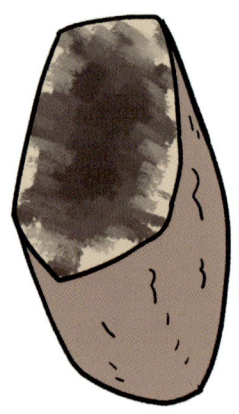

반을 잘라서 심어도 다시 자라나는
기괴한 모습을 보여주었기 때문에

감자는 유럽 사람들에게
혐오식품으로 자리 잡았다.

| 감자편 자투리 3 | 아일랜드의 감자

영국과 가까운 아일랜드 섬은 800년 가까이 영국의 수탈을 받았다.

많은 세금과 전쟁으로 인해
아일랜드 사람들은 유럽에서 가장 굶주리고 있었기에

다… 다 가져와…
가진 것 전부.

배고파…

유럽에서 가장 빠르게
감자를 식량으로 받아들이게 된다.

영양가가 풍부한 감자를 받아들인 아일랜드의
인구는 빠르게 증가하였고

이를 지켜본 가톨릭 성직자들은
감자가 음란한 성질을 돋운다며 감자를 배척하는 이유로 삼기도 했다.

19세기
식량의 많은 부분을 감자에 의존하던 아일랜드에 감자 역병이 돌자 많은 사람이 죽었다.

아일랜드 대기근
Irish Great Famine

'아일랜드 감자 기근(Irish Potato Famine)이라고도 불린다.
당시 인구 800만 명 정도였던 아일랜드는 이때 100만 명이 넘게 아사했다.

이때 많은 아일랜드 사람이 굶주림을 피해 아메리카 대륙으로 이주하게 되며

아일랜드 이민자들은 훗날 미국의 중심이 된다.

조 바이든
Joe Biden
미합중국 46대 대통령

코난 오브라이언
Conan O'Brian
멋쟁이 코미디언

존 F. 케네디
John F. Kennedy
첫 번째 아일랜드계 미합중국 대통령

중세(5~15세기)부터 근대 초(15~16세기),
유럽 각지에서 일어난 전쟁, 역병, 자연 재해는 엄청난 식량난을 가져왔다.

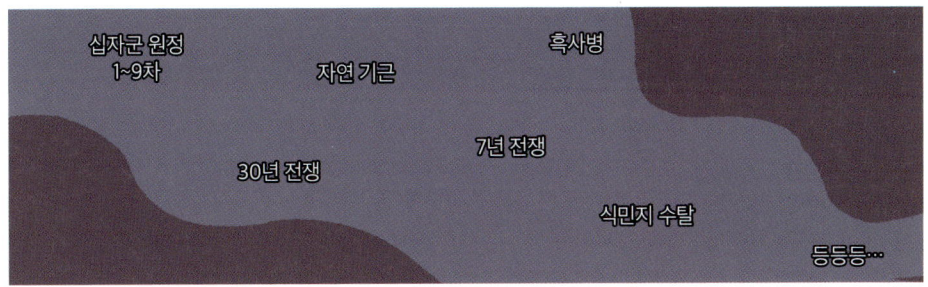

주요 경작물인 밀과 보리는
전쟁이 빈번했던 상황에 특히 취약했고

세금으로 거의 대부분의 작물을 빼앗겼다.

혼란 속에서 농민들은 굶주리고 있었고

이러한 사정을
방관하는 귀족들도 많았으나

역사는 더 나은 세상을 꿈꾸는 자들에 의해
쓰이게 된다.

3
감자
POTATO

3-3
세상을 구한 구황작물 '감자'

유럽의 주요 작물이었던 밀과 보리는 여러 가지 장점이 있었지만

약탈, 세금, 재해 등으로 농민이 먹기는 힘들었다.

하지만 감자는 전쟁 상황에서도 훼손율이 적었고

보리보다 좋다!

이 감자는 세금이 없습니다!

세금으로 징수되지도 않았으며

수확 하기

그건 너 먹어라.

무게가 무겁고 보관이 까다로워서 약탈의 대상이 아니었다.

그리고 기후에 상관 없이 유럽 어느 지역에서도 안정적으로 수확할 수 있었다.

더워도 OK

POWER!

추워도 OK

*안데스 산맥의 환경은 감자(1) 내용 참조

하지만 16세기에 처음 들어온 감자는

안 좋은 인식 때문에 동물 먹이로만 사용되고 있었다.

200년의 시간이 흘러 18세기,
감자의 보급은 평민의 굶주림을 해결하고 싶었던 귀족들의 노력으로 시작된다.

앙투안 오귀스탱 파르망티에
Antoine-Augustin Parmentier
프랑스 농학자

프리드리히 2세
Friedrich Ⅱ
프로이센 왕국 국왕

프로이센 왕국의 프리드리히 대왕은
백성의 기근을 해결하기 위해서 감자에 주목했고

프리드리히 2세
Friedrich II
프로이센 왕국 제3대 국왕.
유럽의 대표적인 계몽군주로 꼽힌다.

감자칙령Potato order을 내려 국가 사업으로 감자를 장려했다.

감자 칙령에 따라 프로이센 왕국의 국민들은 감자를 강제로 심어야 했고 이를 따르지 않으면 엄벌에 처했다.

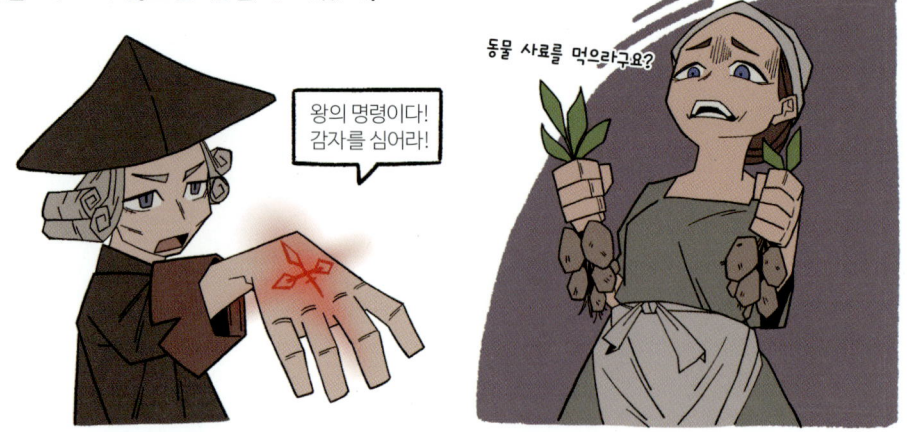

그리고 솔선하여 감자 음식을 먹음으로써 백성들의 본보기가 되었고

국민들은 왕족을 따라 감자를 먹기 시작했다.

비슷한 시기에
프랑스의 농학자 파르망티에는 7년 전쟁(1756~1763)에 참가하게 되었는데

프로이센의 포로 생활 중 감자의 유용성을 깨닫게 된다.

전쟁에서 돌아온 파르망티에는
왕의 도움을 받아 감자를 널리 퍼뜨리기 시작한다.

파르망티에는 감자밭을 만든 뒤

낮에는 병사들에게
밭을 지키게 하여
감자를 귀중한 것인 양
보이게 만들고

밤에는 병사들을 물러
농민들의 감자 서리를 유도했다.

농민들은 왕이 귀중하게 여기는 감자에 호기심을 보였으며
감자를 먹기 시작했다.

이어 파르망티에는
왕비 마리 앙투아네트에게
몸 치장을 감자꽃으로 해줄 것을 부탁했고

마리 앙투아네트 조제프 잔
Marie Antoinette Josèphe Jeanne
프랑스 왕국 루이 16세의 왕비.
18세기 패션, 미용, 오락 문화를 선도하는
문화의 중심 인물이다.

왕비님 편지가 도착했습니다.

귀족 문화를 선도하고 있던 왕비가
감자꽃으로 몸 치장을 한 모습을 본 시민들은

왕비님이 감자를 좋아하시는구나...

왕비님 진짜 너무 예쁘시다...

감자에 대한
부정적인 인상을 지울 수 있었다고 한다.

감자의 보급으로 유럽은 기근에서 벗어날 수 있었고

프리드리히 대왕은
'감자대왕'으로 불렸으며

파르망티에는
'프랑스 감자의 아버지'라 불리며

프리드리히 대왕의 동상

프랑스 지하철 파르망티에 역의 파르망티에 석상

위인으로 칭송받았다.

이후 유럽 사람들을 통해 전 세계로 뻗어나간 감자는

인류의 주식으로 자리 잡게 된다.

감자편 자투리 3 ✕ **대항해시대와 감자**

16세기 유럽 대항해시대,
먼바다로 나선 뱃사람들은 염장 보존식품에 의존해야 했고

절인 훈제 고기

비스킷

말린 콩

비타민 C의 부족으로 괴혈병에 시달렸다.

만성 피로　　　　잦은 출혈　　　　면역력 감소

선원들의 괴혈병 치료를 위해 다양한 음식이 지급되었지만

거부감이 심해 쉽지 않았는데

감자가 선원들의 일상식이 되자 자연스럽게 괴혈병은 사라지게 되었다.

열에 강한 감자는 익혀 먹어도 비타민 C가 잘 파괴되지 않아
선원들에게 필요한 영양을 공급해주었기 때문이다.

④ 파스타
PASTA

4-1 파스타의 탄생

삼면이 바다로 둘러싸인 반도 지형은
여러 가지 이점이 있지만

이러한 이점을 노린 이민족의 침략이 끊이지 않는 지역이었고

이탈리아반도 또한 계속해서 이민족의 침략을 받았다.

긴 시간 이탈리아반도를 지배했던 로마의 몰락 이후로
이탈리아반도의 주인은 계속 바뀌었고

게르만　　이슬람　　프랑스　독일
　　　　　　　　　　　　신성로마 제국　　스페인

여러 문화가 뒤섞인 이탈리아는 유럽 문화의 중심지로 자리 잡게 된다.

르네상스
Renaissance
이탈리아를 중심으로 시작된
서유럽 문화 부흥 운동

라파엘로 산치오

로렌초 디 피에로
데 메디치

미켈란젤로 부오나로티

레오나르도 다 빈치

여러 문화가 뒤섞이는 가운데 다양한 식문화 또한 합쳐지게 되는데

이슬람의 보존식 건조면 문화

이트리야
Itriyya

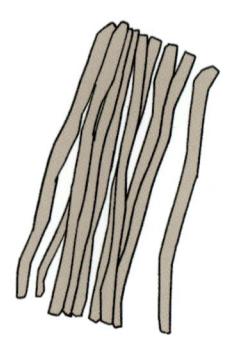

고대 로마 시절부터 남아있던 밀반죽 식사 문화

라가눔
Laganum
현대 라자냐의 조상

이탈리아 남주 지역의 듀럼 밀

듀럼 밀
Durum Wheat
일반 밀에 비해 단단하고 탄력이 있다.

이 합쳐지며

12세기 이탈리아 시칠리아 섬에서 파스타가 탄생하게 된다.

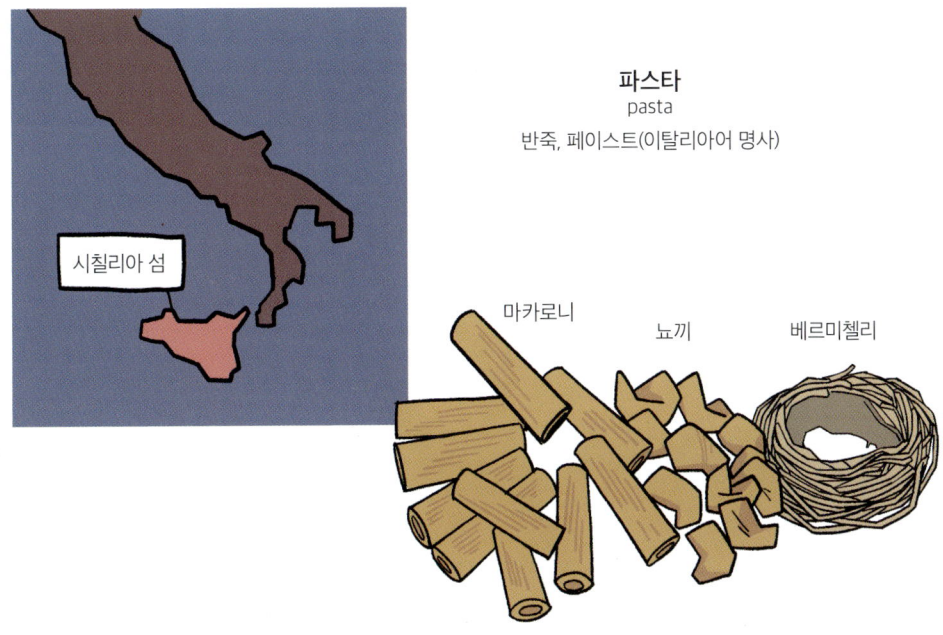

그러나 당시의 파스타는 우리가 아는 파스타가 아니라

모습도, 맛도 다른 모습을 하고 있었다.

파스타 편 자투리 1 ✕ 이탈리아에서 탄생한 마카롱

이탈리아 지역에서는 다양한 음식들이 만들어졌다.

리조또
Risotto
이슬람의 쌀 문화+프랑스 치즈+스페인 향신료

라자냐
Lasagna
로마 음식 라가놈+아랍 향신료+이탈리아 조리법

그리고 이슬람이 독점하고 있었던 설탕, 아몬드,
수도원의 반죽 과자가 합쳐져서

설탕

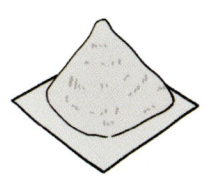

아몬드

수도사들의 간식 문화

마카롱의 기원이 되는 마카로네가 탄생하게 된다.

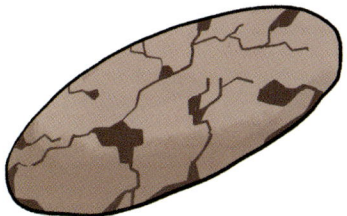

마카로네
maccerone
반죽이라는 뜻.
마카로니와도 어원을 같이 한다.

마카로네는 프랑스 왕실로 시집간 이탈리아 귀족에 의해 프랑스로 전해졌고

프랑스 왕실 요리사

카트린 드 메디시스
Catherine de Médicis

프랑스에서 발전되어

마카로나주
Macaronage
마카롱의 반죽을 만드는 반죽 방법.
반죽을 반복적으로 치대어
공기를 빼내는 방법이다.

마카롱은 19세기 프랑스 제빵사들에 의해 현대의 모습을 하게 되었다.

마카롱
Macaron
머랭으로 만든 쿠키 사이에
크림을 넣은 간식

중세 유럽의 식사 문화는 지금과는 많이 달랐다.

음식의 대부분을 손으로 먹었고

스프가 있을 때는 숟가락

고기를 나눌 때는 나이프

컵은 공용으로 사용하며

야 나도 한 잔 먹게 술잔 좀 비워줘.

한 그릇에 있는 음식을 각자 집어 나눠 먹었다고 한다.

중세의 음식은 손과 숟가락으로 먹을 수 있는 음식이 주류였고

파스타는 현대의 음식과는 조금 다른 모습으로 시작하게 된다.

④ 파스타
PASTA

4-2
파스타 발전사

초기 파스타는 조리 방법 또한 현대와 많이 달랐는데

고기 국물이나 우유에 야채와 파스타를 넣고

2~3시간 끓여내어

흐물흐물한 죽 같은 상태였다.

스프나 리조또 같은 느낌으로 생각하자.

서민들은 조리된 파스타에 치즈나 소금을 뿌려 먹었고

귀족들은 치즈를 뿌린 파스타에 비싼 향료를 넣어
달콤하고 자극적인 파스타를 즐겼다고 한다.

향신료를 뿌린 달콤하고 자극적인 파스타는
가장 이상적인 파스타였지만

대부분의 향신료는 값이 비쌌기 때문에
서민들은 엄두를 낼 수 없었다.

농민 하루 식비
3penny = 약 9,000원 정도

설탕 1파운드(450g)
24penny = 약 72,000원

후추 1파운드(450g)
48penny = 약 144,000원

(*1 penny 를 약 3,000원으로 가정하였을 때)

파스타의 극적인 변화는 유럽의 대항해시대로 넘어간다.

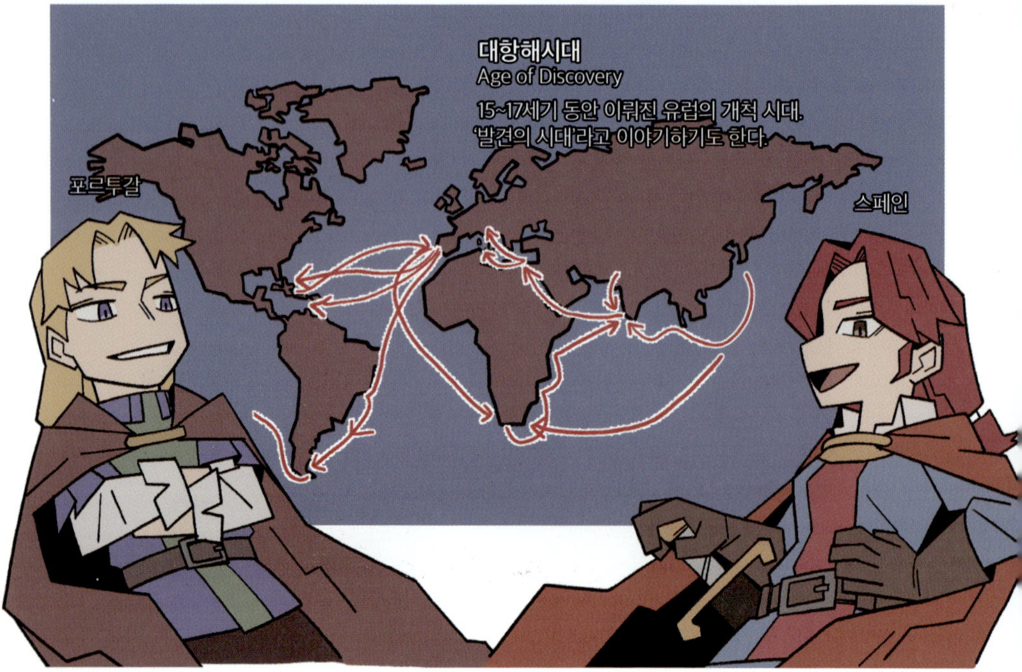

대항해시대
Age of Discovery

15~17세기 동안 이뤄진 유럽의 개척 시대. '발견의 시대'라고 이야기하기도 한다.

포르투갈

스페인

이때 이탈리아의 나폴리 지역은 스페인이 지배하고 있었는데

스페인

나폴리 항구

PLUS ULTRA
(보다 더 멀리 나아가다)

*스페인의 표어

나폴리 항구를 통해 다양한 식재료가 이탈리아로 들어오게 된다.

호박이다.

호박은 파스타 재료로써 탁월했기에

토마토 이전에 가장 인기 있는 파스타 재료로 사용되었다.

호박 토르텔리니
pumpkin tortellini

현대 파스타의 주 재료인 토마토는
호박과 비슷한 시기에 이탈리아에 들어오게 된다.

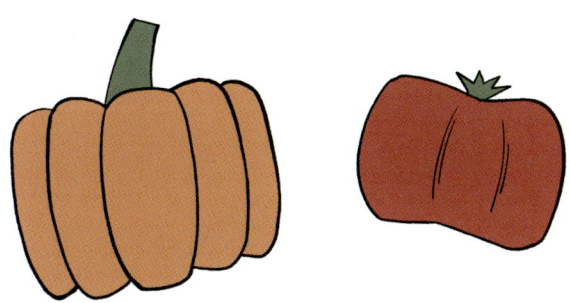

다른 문화와 교류에 익숙했던 이탈리아는 비교적 빠르게
토마토에 적응했으나

대중의 거부가 심해
18세기에 들어서야 대중적으로 토마토 소스가 사용된다.

*토마토 이야기는 케첩(2) 참조

초기 파스타는 제작 기간이 길어 꽤나 값나가는 음식이었지만

대충 이런 느낌.
특별한 날 먹는 음식.

16세기 말, 제면기의 탄생

초기 제면기
그라몰라(Gramola)와
토르키오(torchio)

18세기 산업 혁명을 거쳐
파스타는 대량 생산이 가능해졌고

인간 시대의
끝이 도래했다.

적어도 17세기 후반 무렵 파스타는
길거리에서도 흔하게 먹을 수 있는 모두의 음식이 되었다.

이탈리아 사람들에게 파스타는 남녀노소
모두 좋아하는 전통 음식이자

어머니의 음식이었기에

이탈리아반도를 살아가는 누구나
파스타를 사랑했다.

그리고 19세기

파스타는 수백 년 동안 분열되어 있던

이탈리아의 통일을 이루어낸다.

| 파스타편 자투리 2 ✕ 동·서양의 면 문화 |

기온이 낮고 건조한 지역에서도 잘 자라는 밀과 보리는
전 세계에서 가장 널리 수확한 작물이었고

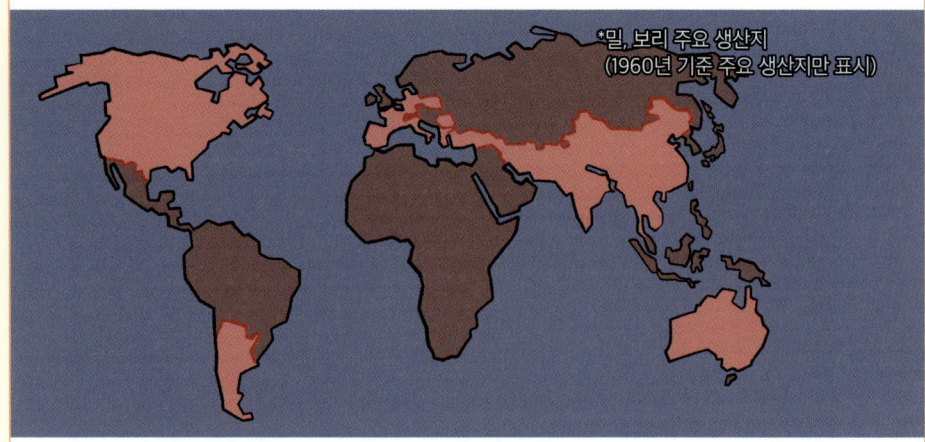

*밀, 보리 주요 생산지
(1960년 기준 주요 생산지만 표시)

밀 식사 문화가 있는 곳 어디든 면과 비슷한 문화가 있었다.

메소포타미아   중앙아시아   중국

그러나 서양과 동양의 면식 문화는 많이 다르게 변화했다.

서양   동양

꾸덕   훙건

이 차이는 식사 문화에서 비롯되었다고 이야기하는데

손과 넓은 접시를 사용했던 서양인들의 음식은

소스를 묻혀 먹는 형식으로 발전했고

젓가락과 볼이 넓은 그릇으로 음식을 먹었던 동양인들의 음식은

뜨거운 국물이 있는 형식으로 발전했다고 한다.

음식 인문학 만화

시간이 흘러 19세기,
전 지구적으로 일어난 혁명의 바람을 타고

나폴레옹 전쟁
Napoleonic Wars
1803~1815

가자, 자유세계로!

프랑스 대혁명
French Revolution
1789~1799

이탈리아 또한 마침내 독립을 이뤄내게 되지만

리소르지멘토(1810~1871)
Risorgimento
이탈리아어로 부활, 부흥이라는 뜻.
사르데냐 왕국의 주도 하에 일어난
이탈리아 통일을 일컫는다.

1870~
통일 이탈리아

주세페 가리발디
Giuseppe Garibaldi
붉은 셔츠단이라 불리는 애국 집단과 함께
이탈리아 통일을 이룬 영웅이다.

계급별 문화 차이가 극심했고

북이탈리아와 남이탈리아의 갈등은 고조되어 있었으며

심지어 지역 간 방언이 심해 서로 의사소통도 힘든 상태였다.

문화적 통일은 진정한 통일 이탈리아를 만들기 위한 정치인들의 숙제였고

이때 정치인들이 사용한 것이

바로 '**파스타**'이다.

④ 파스타
PASTA

4-3
파스타와 이탈리아 통일

이탈리아가 통일로 인해 혼란하던 시기를 살았던 아르투시는
이탈리아의 다양한 음식 문화에 관심이 많았다.

펠레그리노 아르투시(1820~1911)
Pellegrino Artusi
이탈리아의 사업가 또는 작가.
은행업으로 돈을 번 부르주아이다.

그는 50세에 은퇴하여 이탈리아 식문화에 대한 책을 쓰게 되었는데

이 책에는 이탈리아 사람들의 다양한 이야기가 있었다.

다른 지방 사람들은
무엇을 먹는지

어떤 일상을 보내는지

다른 지방의 방언을
이탈리아어로 **통합**하여

이탈리아 사람들의 생활과 요리 문화를 정리한
한 권의 책을 만들었다.

요리의 과학과 맛있게 먹는 방법(1891)
La scienza in cucina e l'arte di mangiar bene

음식 문화에 대한 이 책은 요리책 이상의 의미를 가지고 있었다.

아르투시의 책은 각 지방의 방언을 이탈리아어로 번역하였기에
이탈리아어 전파에 도움이 되었고

접근성이 좋은 중산층의 음식 레시피를 소개하여
각 계층의 화합에 도움을 주었다.

그리고 파스타로 대표되는
'이탈리아 음식'이라는 개념을 정립하여

이탈리아 사람들이
같은 것을 먹고 자란 사람들이라는 공통의식을 심어주었다.

아르투시의 책은 이탈리아의 문화 통일을 이루고자 했던
정치인들에 의해 더 빠르게 퍼져나갔고

파스타로 대표되는 이탈리아의 음식 문화는
이탈리아의 문화 통일에 기여했으며

이탈리아 사람들은 파스타에 남다른 애정을 가지게 되었다고 한다.

파스타는 이탈리아 음식을 대표하는 음식이지만

몇 차례 파스타 반대 운동이 일어나기도 했다.

첫 번째 파스타 반대 운동은 전통적인 가치관을 버리고자 했던 미래주의자들Futurismo에 의해서 일어났고

두 번째 파스타 반대 운동은 쌀 소비 촉진을 이뤄내고 싶었던 이탈리아의 수상 무솔리니에게서 일어난다.

하지만 두 사례 모두 전국적인 저항에 부딪히게 되었고

파스타는 금지되는 일 없이 이탈리아의 사랑을 받았다고 한다.

이탈리아의 듀럼밀 반죽 음식을 총칭하여 '파스타'라고 부르며

각각의 모양에 따라 다른 이름이 붙었다.

뇨끼 Gnocchi 마카로니 Macaroni 파르팔레 Farfalle

그리고 면 모양의 파스타는 '스파게티'가 아니라

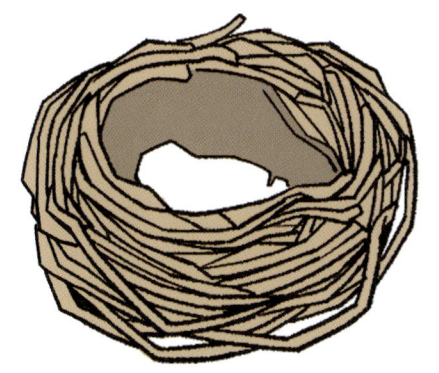

보통 '베르미첼리' vermicelli '라고 불렸다.

오늘날 '스파게티'라는 단어를 더 널리 쓰게 된 데에는
여러 가지 이야기가 있다.

아르투시의 요리책에서
면 모양의 파스타를 스파게티로 소개한 것 때문이라는 이야기도 있고

요리의 과학과 맛있게 먹는 법
(1891, 펠레그리노 아르투시 저)

"…스파게티 그러니까 베르미첼리를 이용하여…"

*아르투시의 요리책은 파스타(3) 참조

베르미첼리의 번역어 '작은 벌레'가 수출에 불리하자

VERMICELLI
베르미첼리 : 작은 벌레

'얇은 줄'이라는 의미를 가진 스파게티를
대신 사용했다는 이야기도 존재한다.

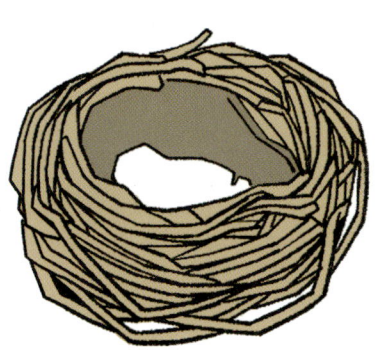

SPAGETTI
스파게티 : 얇은 줄

무엇이 되었든 면 모양의 파스타 '스파게티'는 18세기에 미국으로 진출하게 된다.

④ 파스타
PASTA

미국으로 간 파스타 '스파게티'

미국으로 이주한 남이탈리아 사람들은

농사가 주요 생업이었기에
피부가 붉고 거뭇했으며

머릿기름을 발랐고

콧수염을 기른

키가 작고

주근깨가 난

촌스러운 사람들로 보였다.

미국 사람들은 이탈리아 이민자들을 좋게 보지 않았고

파스타 사세요~~!!

이탈리아인들을 유색인종 '홍인(red)'으로 분류하여 차별했다.

어이 홍인! 누구 허락받고 장사하는 거야?

네?

여긴 백인만 장사하는 곳이라고!

이탈리아 사람들은 자신을 지키기 위해 범죄 조직과 뭉쳐야 했고

이탈리아 사람들의 주식이었던 파스타는
가난한 노동자와 범죄자들의 음식이라며 미국 사회에서 거부당했다.

하지만 시간이 지나며 점차 스파게티는 미국의 국민 음식이 되는데,

스파게티의 보급에 처음 앞장선 것은 군대이다.

미군은 식단으로 치즈와 후추를 뿌린 스파게티를 대량으로 제공했고 미국 사람들이 스파게티에 익숙해지는 데 일조했다.

곧이어 터진 경제 불황도 스파게티 보급에 일조했다.

제1차 세계 대전에 참전한 이탈리아는
병사들에게 식량을 보급하기 위해 파스타 수출을 막았는데

파스타 생산을 이탈리아로부터 의존하고 있었던 미국은
직접 파스타를 생산하기 시작했고

플랜테이션
Plantaion
자본과 기술, 값싼 노동력으로 이뤄지는
거대 상업 농장

이제부턴 정말 자급자족 뿐이야.

직접 생산하여 값이 저렴해진 스파게티는
대공황 시기에 주식으로 자리 잡았다.

미트볼 스파게티
Meatball spaghetti

시간이 흘러 세계 대전이 끝나고
미국에서 가공식품과 패스트푸드가 유행하기 시작했다.

미국의 비만율이 높아지고 건강식에 대한 수요가 높아지자

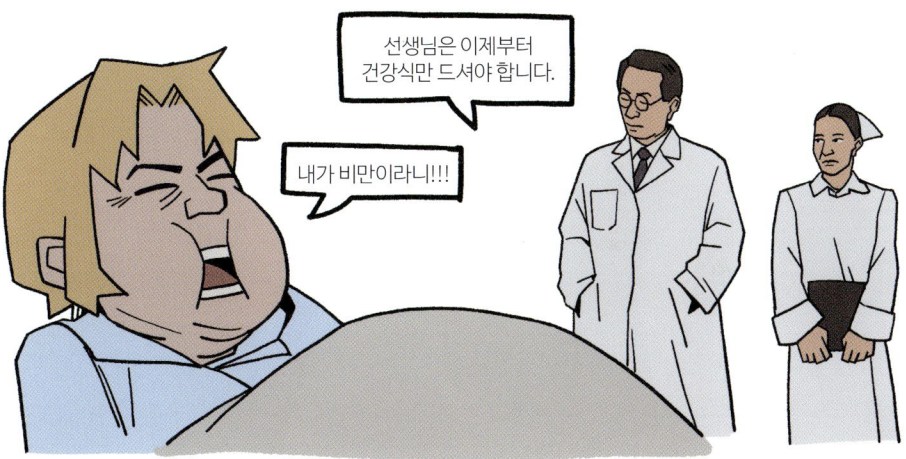

스파게티는 건강식으로 추천되어 인기를 얻었다.

동시에 미국에서 '스파게티 웨스턴'이라 불리는
이탈리아 영화 회사의 서부극이 유행하기 시작했는데

서부극 속의 멋진 이탈리아 배우들은 스파게티를 먹었고

스파게티와 배우들의 멋진 모습을 본 미국인들은
이탈리아 사람들에 대한 거부감도 완전히 벗을 수 있었다.

현대 미국에서 스파게티는

종교가 생겨날 만큼

날아다니는 스파게티 괴물 교
Flying Spaghetti Monster

우주선에 가지고 탈 만큼

중요한 음식으로 자리 잡았다.

파스타 편 자투리 4 ✕ 카르보나라(CARBONARA) 이모저모

현대 스파게티의 대세는 크림 소스와 베이컨을 곁들인 카르보나라 일 것이다.

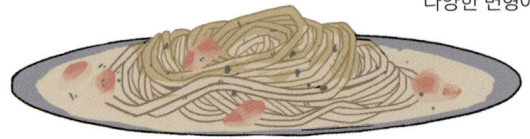

카르보나라
Carbonara
달걀 노른자와 치즈를 베이스로 만드는 파스타. 현대에는 크림과 베이컨을 넣는 등 다양한 변형이 이뤄지고 있다.

카르보나라의 기원에는 두 가지 설이 있는데 하나는 광부들의 음식이었을 것이라는 설과

carbone
카르보네
석탄
→
Carbonari
카르보나리
광부
→
Carbonara
카르보나라

두 번째는 전쟁 중 군대 보급품과 이탈리아 요리 방법이 합쳐져 만들어진 음식이라는 설이다.

군대 보급품: 치즈, 계란 가루, 베이컨
+
이탈리아 음식: 스파게티
=

카르보나라 스파게티는 주로 미국에서 유행했으며

전통적인 이탈리아 요리사들은
미국의 카르보나라에 불만이 많다고 한다.

건국 당시의 미국은 자유, 평등의 건국 이념과
이것이 미국이다!! 희망편

- 대륙 횡단 열차(빠르다)
- 마음씨 착한 사장님
- 풍부한 일자리
- 성실한 노동자
- 착한 강아지
- 옥수수

노예제도가 공존하는 조금 이상한 국가였다.
이것이 미국이다!! 파멸편

- 노예선
- 무서운 농장주
- 불공정 계약
- 목화밭
- 고통받는 흑인 노예
- 무서운 농장 감독관
- 주인에게만 상냥한 불독(문다)

노예제도에 대한 의견 대립으로
미국은 남과 북으로 갈라져 전쟁을 하게 되었고

남북전쟁으로부터 코카-콜라는 탄생하게 된다.

코카-콜라
Coca-Cola

⑤ 코카-콜라
COKA-COLA

⑤-1
코카-콜라 오리진(Origin)

링컨의 지휘 아래 남북 전쟁은 북부의 승리로 끝이 났지만

여러 가지 문제를 해결하지 못한 채

노예 해방 문제　　　　전쟁 보상금 문제　　　　남부 재건 문제

사람들은 고통의 시간을 보내야 했다.

미국 재건 시대
Reconstruction Era
1865~1877
남북 전쟁 이후의 미국 전체의 재건 시기

사람들은 정신적, 육체적 고통을 줄이기 위해서 의사를 찾았지만

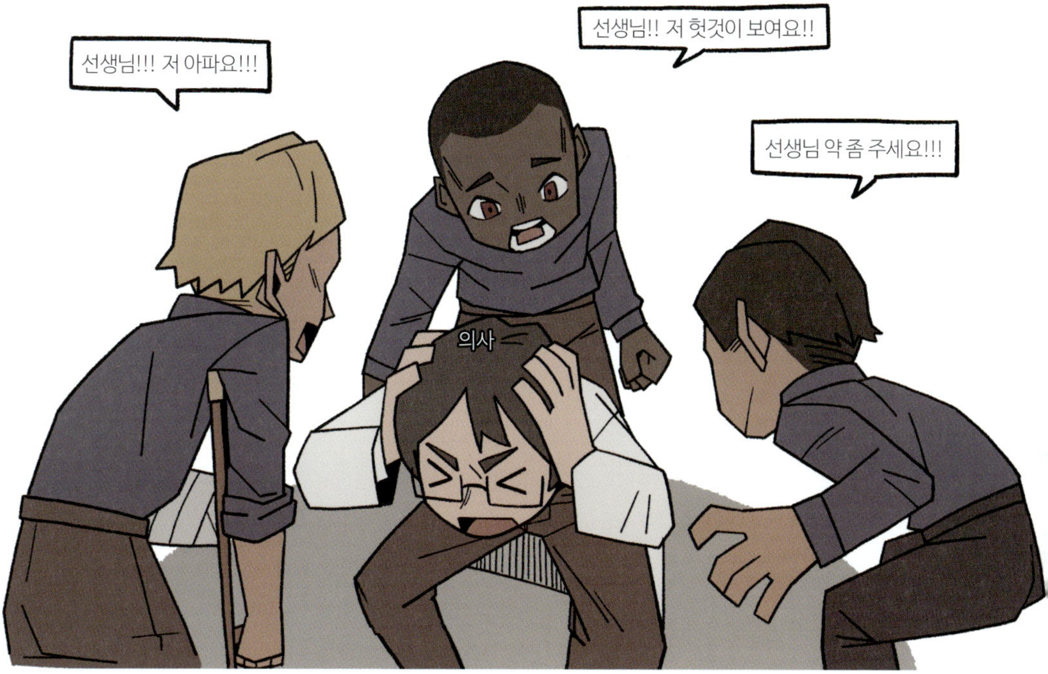

진료비도 비쌀 뿐더러,
처방약도 전쟁의 고통을 줄여주기에는 부족했다.

같은 시기 남북전쟁에 참가했던 약사 '존 펨버턴'은
조지아 주의 애틀란타 주도로 돌아간다.

그는 남북전쟁에서 부상당했고
매약의 필요성을 몸으로 느끼고 있었다.

다른 매약 업자들과는 달리
약학에 대한 지식을 보유하고 있던 존 펨버턴은

남아메리카 원주민들이
각성제로 사용하던 코카잎

카페인 함량이 높은
콜라 나무 열매

와인을 합쳐

프렌치 와인 코카를 만들게 된다.

펨버턴의 프렌치 와인 코카
Pemberton's French Wine Coca
코카-콜라의 초기 모델

앞서 코카잎으로 만든 '뱅 마리아니 와인'이 유명한 상품이었기 때문에 프렌치 코카 와인도 기대되는 상품이었다.

뱅 마리아니 애호가 모임

교황 비오 11세

율리시스 그랜트

뱅 마리아니 와인

토머스 에디슨

지그문트 프로이트

뱅 마리아니 와인도 잘 팔리니 프렌치 와인 코카도 잘 팔리겠지?

ㅎㅎ

하지만 퇴역 군인들의 알코올 중독이
가정폭력을 유발하는 심각한 사회문제로 대두되자

1886년 애틀랜타 주도에서 시범적 금주법이 제정된다.

금주법(1886~1889)
Prohibition
미국 전역에서 실시된 금주법 이전에
조지아 주 애틀랜타 주도에서
한시적으로 금주법이 시행되었다.

상품 개발 1년 만에
프렌치 와인 코카를 팔지 못하게 된 존 펨버턴은

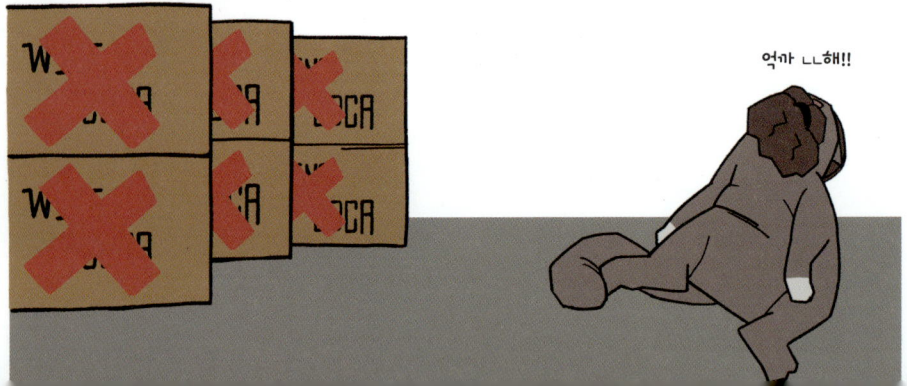

기존 제품에서 알코올을 뺀 신제품을 만들게 되는데

남자의 사업은 땀과 눈물로 완성된다!!!!

콜라 열매   코카나무 잎

이때 탄생한 음료가 핵심 재료의 이름을 딴

코카-콜라이다.

코카-콜라편 자투리 1 ✕ 사이다

고대 음료의 3대장은 와인, 맥주, 벌꿀 술이지만

게르만 벌꿀술 　 그리스 와인 　 메소포타미아 맥주

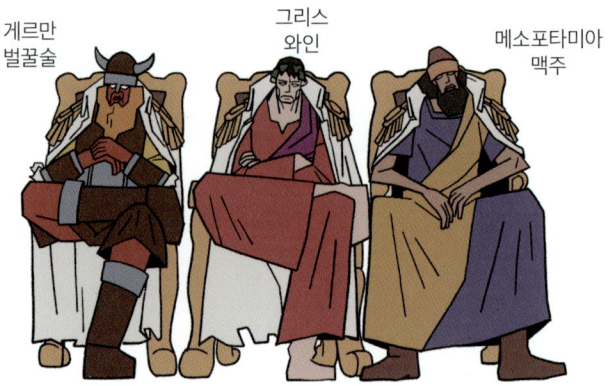

사이다 또한 고대부터 존재한 음료였다.

사이다
Cider
'애플 사이다'라고도 불린다.
주로 사과로 만들어진
과실주를 일컫는다.

그러나 여러 가지 이유로 인해 사이다는
일부 지역에서만 소비되고 있었다.

한정된 사과 재배 지역
영국　프랑스

178 음식 인문학 만화

긴 시간 술로 존재했던 사이다는
미국 금주법 시대에 논 알코올 음료로 만들어졌고

개항을 통해 서양 문물을 받아들인 일본에서 탄산음료로 바뀐 사이다는

한국으로 넘어오게 되면서 한국식 사이다로 변화하게 되었다.

음식 인문학 만화

초기 코카-콜라는 액상 시럽으로 판매되었고
약국에서 약 또는 음료로 판매되었다.

당시 약국에서는 여름에 청량음료 매장을 열어
카페 같은 모임 공간으로 이용했는데

여름에 코카-콜라는 시원한 탄산수에 섞어 음료로 즐겼고

탄산음료 매장이 열지 않는 겨울에는 약으로 판매되고 있었다.

⑤ 코카-콜라
COKA-COLA

―

⑤-2
청량음료 코카-콜라

코카-콜라는 약이면서 음료로 광고되었고

공모전을 통해
새로 만든 로고

사계절 음료로 광고

여름에는 음료!
겨울에는 약으로 즐겨요!

폭넓은 수요층을 가지고 있었다.

사무직을 위한
자양강장제

사모님을 위한
에너지 음료

하지만 존 펨버턴에게서 콜라 사업을 이어받은
아사 캔들러는

아사 캔들러
Asa Candler

코카-콜라 매출의 대부분이 음료로써 발생되기 시작했으며

코카-콜라라는 단어가 나를 유혹해!

약이니까 괜찮아. 신경 끄고 밥이나 해.

매약 중독에 대한 안 좋은 인식이 퍼져나감을 깨닫고

1903년 까지 코카인 성분과 카페인을 모조리 덜어내며 코카-콜라 레시피를 음료로 개량해나갔다.

애초부터 '약'이었던 코카-콜라는 없다.

코카-콜라가 '음료'라는 『결과』만이 남는다.

이것이 나 아사 캔들러의 능력!

『결과』뿐이다! '약'이었던 코카-콜라는 없고 이 세상에는 코카-콜라가 '음료'라는 『결과』만이 남는다!

이 시기 즈음 변호사 두 사람이 찾아와
코카-콜라를 병에 담아 판매하는 사업을 제시했지만

벤자민 토마스
Benjamin Thomas
변호사이자 사업가

조셉 화이트헤드
Joseph Whitehead
변호사이자 사업가

아사 캔들러는 탄산음료를 병에 담는 사업에 대해 부정적이었다.

품질 문제

오염   변질

탄산 압력에 의한
병 폭발 문제

꺼흑 마이갓

퍼엉!!

두 사람의 긴 설득 끝에 아사 캔들러는

모든 책임을 두 사람이 질 것을 약속하고

단돈 1달러에

코카-콜라를 병에 담아 판매할 권리를 판매하게 된다.

병입되어 간편하게 마실 수 있는 코카-콜라는
그야말로 대박을 터트렸다.

최초의 코카-콜라 병

여가 생활이 다양해진 19세기 말 미국에서
남성들은 스포츠를 즐기며 병에 담긴 코카-콜라를 즐겼고

여성들은 백화점과 연쇄점에서 쇼핑을 즐긴 후
병에 담긴 콜라를 즐겼다.

이때부터 코카-콜라는 완전히 음료였기 때문에

1898년

좋은 일에 쓴다니까…

가져와…

불법 매약 업자들에게 물린
막대한 세금도 피해갈 수 있었고

더러운 음식은
사형이다!!!!!

1906년

새로 만들어진
식품의약품 안전법으로부터도
무사히 넘어갈 수 있었다.

1919년 미국 전역에서 시작된 금주법 시대에도
코카-콜라는 술을 대체하는 음료로 팔렸다.

금주법 시대
Prohibition Era
1919~1933

술 아니야!!!

술이 일상이었던 미국 남성들은 금주법 이후
커피나 코카-콜라를 마시게 되었고

코카-콜라는 여성들과 아이들도 마실 수 있었기 때문에

코카-콜라는 온 가족 모두가 즐길 수 있는 일상적인 음료가 된다.

대공황 시기에도 저렴한 가격을 유지한 코카-콜라는 계속해서 성장했으며

이내 코카-콜라는 미국 음료 시장의 절반을 차지하는
미국 최고의 음료로 자리 잡게 된다.

| 코카-콜라편 자투리 2 ✕ 환타 |

때는 1929년, 코카-콜라는 맥주가 자리 잡고 있었던
독일 시장에 진입하기 쉽지 않았지만

끝없는 노력과 독일 올림픽의 후원을 통해 독일 시장 진입에 성공한다.

그러나 곧이어 발발한 제2차 세계 대전에서 독일과 미국은 맞붙게 되며

미국의 음료인 코카-콜라는 판매 금지 당했다.

독일에서 코카-콜라 공장을 운영하던 막스 카이트는
회사를 살리기 위해 빠르게 움직였고

코카-콜라 제조 설비와 독일의 재료를 조합해 새로 만들어낸 음료가

'환타'이다.

음식 인문학 만화

미국 음료 시장의 최고가 된 코카-콜라는

이미 세계적인 유명인들도 좋아하는 음료였지만

5

코카-콜라
COKA-COLA

5-3
제2차 세계 대전과 코카-콜라

전 세계가 연합군과 추축국으로 갈라져 싸운 제2차 세계 대전

제2차 세계 대전
World War II
1939~1945

나치 독일 수상
아돌프 히틀러

영국 총리
윈스턴 처칠

일본의 진주만 공습으로
미국은 제2차 세계 대전에 연합군으로 참전하게 된다.

진주만 공습(1941)
The Attack on Pearl Harbor

미군은 병사들의 사기를 위해 여러 가지 보급품을 지급했는데,

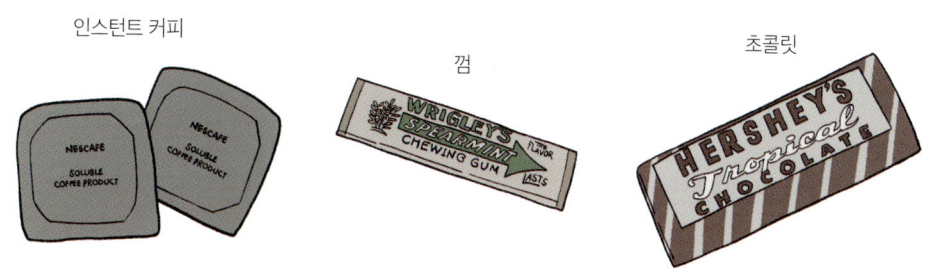

미군 수뇌부와 병사들은 코카-콜라 또한 보급으로 나오길 원했지만

이때, 당시 미군 최고 사령관 중 한 명이었던 아이젠하워는

드와이트 D. 아이젠하워
Dwight D. Eisenhower

코카-콜라 제조 시설을 군부대에 설치하는 것을 주문했고

코카-콜라 3백만 병! 추가로 리필 여분 6백만 병!

코카-콜라는 미군 부대에 코카-콜라 생산 시설을 만들 기술자를 파견하게 된다.

미치겠구만. 좋다. 해봅시다!

코카-콜라 생산 기술자는
미군을 따라 전 세계에 코카-콜라 생산 시설을 만들었고

미군을 따라 전 세계로 뿌려진 코카-콜라는
코카-콜라 문화를 전 세계에 퍼뜨렸다.

전쟁이 끝나고 미군 부대에 만들어졌던 코카-콜라 공장은
코카-콜라 회사가 그대로 사용하게 되었고

제2차 세계 대전을 통해
코카-콜라 문화와 생산 시설을 전 세계에 퍼뜨린 코카-콜라는
단번에 전 세계적인 브랜드로 성장하게 된다.

코카-콜라 편 자투리 3 ✕ 미국의 설탕 제한령

제1차 세계 대전 때 미국은 주요 식량 자원에 대한 소비 제한 캠페인을 벌였다.

고기 없는 월요일   밀가루 없는 수요일   설탕 없는 날(주 2회 권장)

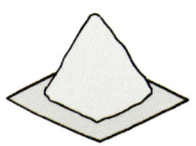

정부 정책에 따라 설탕이 주요 재료였던 코카-콜라는 생산에 차질을 입을 수밖에 없었으나

코카-콜라는 군부대에 음료를 우선 공급하여 정부와의 관계를 다잡았다고 한다.

시간이 흘러 제2차 세계 대전에서 코카-콜라가 군수물자로 채택되자

경쟁 음료인 펩시는 이를 독점이라며 항의했지만

아이젠하워를 비롯한 군 상층부는 여러 가지 이유로
코카-콜라를 지지했고

코카-콜라는 미국 문화의 상징으로 자리 잡게 되었다고 한다.

음식 인문학 만화

⑤ 코카-콜라
COKA-COLA

5-4
코카-콜라 VS. 펩시

펩시는 1893년에 소화제로 개발되었고
코카-콜라와 마찬가지로 탄산음료 매장에서 팔렸다.

펩시는 코카-콜라와 같은 가격에 두 배의 음료를 주며 회사를 키웠지만

제2차 세계 대전 중 미국 정부의 도움을 받아 세계 시장으로 도약한
코카-콜라를 넘어설 수 없었다.

제2차 세계 대전 때 미군의 승리를 도운 코카-콜라는
미국 자유주의를 상징하는 음료였기에

코카-콜라

미국의 우방국에게 이상적인 음료였지만

미국   이탈리아   스페인   서독

사회주의 체제를 외치는 세력들에게는 배척해야 할 대상이었다.

동독   소련   폴란드

사회주의자들은 코카-콜라를 배척하기 위해서
코카-콜라 공장에서는 핵폭탄을 만들 수 있다고 주장했으며

코카-콜라가 각종 질병을 일으킨다고 주장했다.

이념 갈등은 심해져 냉전으로 이어졌고

냉전
Cold war
1945~1989

미국과 소련을 주축으로 일어난 대립 시기.
직접 무기를 들고 싸운다는 열전(熱戰)의 반대말로,
첩보전, 정보전 위주의 대립이 이어졌다.

자본주의자

사회주의자

사회주의를 옹호하던 동유럽 국가들은 코카-콜라를 거부했다.

이러한 시기 펩시 콜라는

전 세계 음료 시장을 건 승부에 나섰다.

자본주의는 소비자의 요구에 빠르게 적응할 수 있었고

공산주의가 가진 여러 문제점은 소비 시장에서 너무나도 불리했다.

결국 철의 장막이 무너지며 자본주의가 승리하게 되고

베를린 장벽 붕괴
1989

아가리 벌려 자본 들어간다.

베를린 장벽

으악!

와장창

3개월 뒤 미국과 소련의 몰타 회담이 성사되며 냉전이 종식된다.

몰타 미·소 정상회담
1989

미하일 고르바초프
Mikhail Gorbachev

조지 H. W. 부시
George H. W. Bush

이후 펩시 콜라는 구 체제를 대변하는 회사로 낙인찍혀
동유럽 시장에서의 입지도 위험해졌고

코카-콜라는 세계 시장을 석권하는 브랜드로 성장한다.

펩시 콜라는 포기하지 않고
마케팅을 통해 코카-콜라의 위치를 위협하고 있으며

콜라 블라인딩 테스트

유명인 마케팅

두 회사의 경쟁은 소비자들에게 좋은 방향으로 이어가고 있다.

가격 경쟁

광고 경쟁

품질 경쟁

> 코카 콜라편 자투리 4 ✕ 우주 콜라 전쟁

1985년 미국 항공우주국 NASA에서는
우주 비행사를 위한 콜라 공모전을 개최했다.

개발비는 못 준다

알아서 개발해와라

이 공모전은 엄청난 광고 기회였기에 코카-콜라와 펩시 모두
참가하게 되는데

코카-콜라는
노즐형 콜라캔을
개발했고

펩시는
스프레이형 콜라캔을
개발했다.

그러나 우주 비행사들은 코카-콜라의 캔을 더 선호했고

결국 코카-콜라가 우주 비행사들의 콜라가 되었다고 한다.

하지만 펩시는 이미지 쇄신을 위한
프로젝트 블루 캠페인을 시작하게 되고

최초의 우주 옥외 광고를 촬영했다.

*유튜브에 'Pepsi in the Mir Space Station'을 검색하면
영상이 나오니 한번 보도록 하자.

6

초콜릿
CHOCOLATE

6-1 초콜릿의 탄생

나야. 아즈텍 문명의 최고신 케찰코아틀!

초콜릿의 시작은 우리가 흔히 먹는 디저트가 아닌
음료에서 시작된다.

초콜릿의 원료 '카카오'는 기원전 1200년 부터 재배했고
주로 중앙아메리카 지역에서 자랐다.

중앙아메리카의 원주민들은 대대로 카카오를 길러

음료로 만들어 마셨다.

쇼콜라틀
xocolatl

아즈텍의 초콜릿 음료.
가공한 카카오 씨앗과 찬물, 고추 등을 넣어
차고 매운 음료이다.

카카오 콩과 음료는 중앙아메리카 문명에서 다양하게 사용되었다.

귀족과 전사를 위한 활력제로도 쓰였고

화폐로 사용되기도 하고

건강 음료로도 사용되었다.

하지만 초콜릿의 가장 중요한 역할은

카카오는 아즈텍의 최고신 케찰코아틀이 남겨준 신의 음식이었으며

생김새가 생명의 근원인 심장을 닮았기에

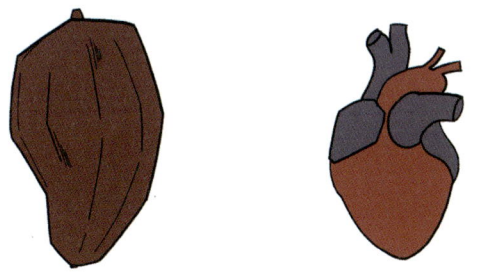

카카오에는 영적인 효험이 있다고 믿었다.

인신공양
아즈텍 사람들은 제사를 통해 인류 멸망을 막는다고 믿었고

영적 효험이 있는 카카오를 제사에 적극적으로 사용했다.

아즈텍 사제는 인신공양의 제물에게 초콜라틀을 제공하기도 했고

신의 도움을 바라는 각종 행사에 카카오를 사용했다.

초콜릿 편 자투리 1 ✕ 아즈텍의 쇼콜라틀 레시피와 마시는 방법

고대의 초콜릿 음료 쇼콜라틀을 만드는 방법은 다음과 같다.

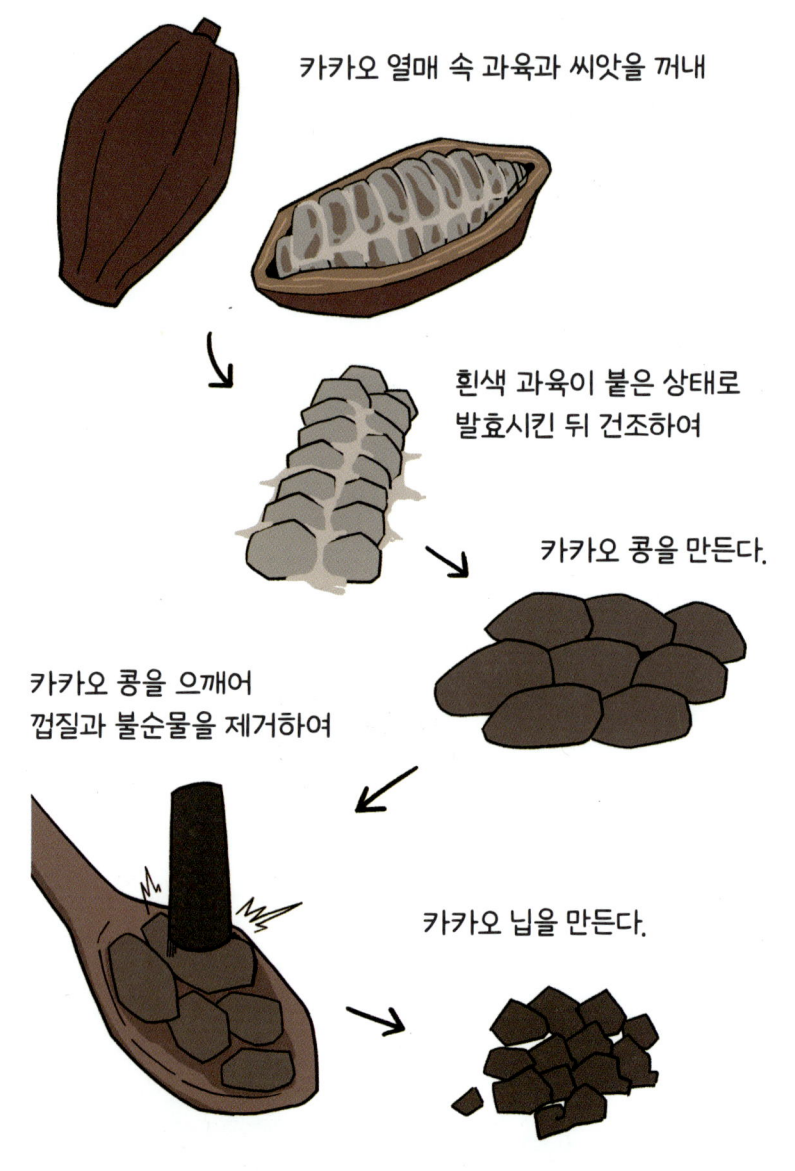

카카오 닙을 볶아
향을 키우고

카카오 닙을 절구로 으깨면

지방질이 많아 질척거리는 덩어리 '카카오 매스'가
만들어지는데,

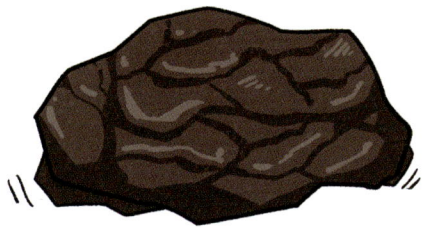

카카오 매스를 향료와 함께
찬물에 섞고

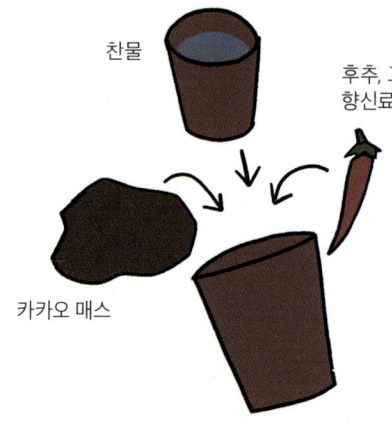

높은 곳의 항아리에서
반복해 따라 거품을 내면

고대의 초콜릿 음료 쇼콜라틀이 만들어진다.

쇼콜라틀
xocolatl

이렇게 만들어진 쇼콜라틀을 즐기는 아즈텍인의 독특한 방법이 있었다.

거품이 난 쇼콜라틀을 입에 머금고

하늘을 바라본 채 머금은 음료를 가만히 두어
거품이 터지는 느낌을 즐겼다고 한다.

음식 인문학 만화

아즈텍인들은 5번째 태양(세상)을 지키고 싶었기에

태양은 제가 전문이죠!

따라하세요!

태 양 만 세!

열심히 제사를 지내고 있었다.

우린 우리 식대로 간다.

YOU DIED

으아아악!!

6

초콜릿
CHOCOLATE

6-2
아즈텍의 멸망과 초콜릿

아즈텍 제국의 9대 황제 몬테수마 2세에게는
고민이 있었다.

이상기후와 기이한 현상이 계속되어

세계 멸망에 대한 두려움에 빠진 몬테수마 2세,

왕에게 점성술사들은

'창백한 얼굴을 지닌 왕'이 그의 백성들을 해방시키러 올 것이다.

라고 예언했고

1519년 식민지를 찾아 중앙아메리카에 도착한 코르테스 후작은

예언자들의 말대로 흰 얼굴을 하고 있었다.

에르난 코르테스
Hernán Cortés
스페인 후작

계속되는 자연재해와 불길한 유령 소동

점성술사의 예언

52년 주기로 신이 돌아온다는
신화 속 전설

아즈텍 최고신
케찰코아틀

보고싶었지?

*마침 딱 주기가 맞아 떨어지는 해가
1519년이었다.

처음 보는 얼굴이 하얀 사람과

신비한 동물과 물건

그리고 코르테스 후작의
대담한 언행

내가 너희들의 구세주이다!!

하늘의 뜻으로
내가 이곳에 왔소!!

"이건 진짜 같은데??"

"맞는 것 같은데!?!?"

멸망에 대한 두려움으로 약해진 몬테수마 2세가 잘못된 판단을 하게 만들었다.

"어.. 어서 오시...오!! 2 땅은... 당신?의 것이오!!"

흐트러짐

"왕이시여...?"

그렇게 정복자 코르테스 후작의 침략에
대처하지 못한 아즈텍 문명은

단 2년 만에 멸망하게 된다.

스페인 정복자들은 중앙아메리카 지역을 식민지로 만들었고

유럽 대륙에서 판매하기 위한 상품들을 전부 약탈했는데

이때 카카오는 유럽으로 향하게 된다.

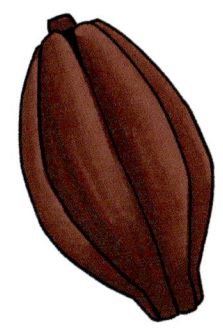

초콜릿 편 자투리 2 ✕ 슬픔의 밤(THE NIGHT OF SORROWS)

4백 명의 군사로 아즈텍의 수도를 점령한
에르난 코르테스는

에르난 코르테스
Hernán Cortés
16세기 스페인 정복자로
야망과 교활함을 동시에 지닌 인물이며
아즈텍 제국을 무너뜨리고
중앙아메리카의 식민지화를 이끈 인물이다.

아즈텍의 왕과 귀족들을
인질로 잡았으며

다른 부족들을 말로
회유하는 방식으로

아즈텍의 세력을 결집하지 못하게 막고 있었다.

그러나 아즈텍의 신성한 톡스카틀 의식을 참지 못했던 부관이 의식 중 학살을 일으키자

모든 아즈텍 부족들은 반 코르테스 연합으로 뭉치게 되었고

아즈텍 부족의 총력이 동원된 수도 탈환 전투가 벌어지게 된다.

총과 대포에 대한 전략이 완벽했던 아즈텍 전사들은 손쉽게 스페인 정예병을 물리쳤고

에르난 코르테스는 겨우 목숨만 살아 도망쳤다.

그러나 이어진 아즈텍 전사들의 추격전에서

끝까지 간다.

시우아코아틀
Ciuacoatl
아즈텍 군 총사령관

에르난 코르테스는 5백 명의 군사로 2만 명의 아즈텍 전사들을 물리치는 대승을 거두게 된다.

오툼바 전투
Battle of Otumba

완전히 꺾인 아즈텍은 곧 스페인의 식민지가 되었고

스페인의 식민지는 몇 세기가 지나 독립하여 '멕시코'가 되었다.

멕시코
Mexico
과거 아즈텍 문명을 세웠던 멕시카(Mexica) 민족의 땅 혹은 아즈텍의 전쟁신 위칠로포치틀리의 땅을 뜻한다.

멕시코시티
Mexico
옛 아즈텍 문명의 수도 테노치티틀란 자리에 세워진 멕시코의 수도이다.

16세기 스페인은 중앙아메리카 지역을 식민지로 만들었다.

식민지에 도착한 선교사들은 원주민들에게 가톨릭을 전파하려 했고

베르나르디노 데 사아군
Bernardino de Sahagún
선교사

원주민들과 친해지기 위해서 그들의 문화를 배우기 시작했지만

쓰고 매운 원주민들의 초콜릿 음료는 입맛에 맞지 않았다.

하지만 가지고 온 음료가 떨어지자

조금씩 쇼콜라틀을 맛보며 익숙해지기 시작했다.

6
초콜릿
CHOCOLATE

6-3
유럽의 쵸콜릿

16세기,
쇼콜라틀은 차, 커피와 거의 동시에 유럽으로 들어오게 된다.

중앙아메리카에 자리 잡은 스페인 사람들은
쇼콜라틀을 입맛에 맞게 개량하였고

설탕을 넣은 달콤한 유럽식 초콜릿 음료를 '초콜라테'라고 불렀다.

그러나 깔끔한 차, 커피와는 달리

기름지고 끈적한 초콜라테는 유럽에서 거부당했다.

그러나 선교사들의 의해
초콜릿의 효능에 대한 이야기가 유럽으로 전해지고

유럽의 귀족들은 초콜라테를 약 혹은 건강음료로 받아들이게 된다.

유럽에서 초콜라테는

사교 모임의
독특한 음료로

유럽 귀족들의 초콜라테 수요가 늘자
더 많은 카카오를 생산해야 했던 스페인은

지옥의 삼각무역을 시작하게 된다.

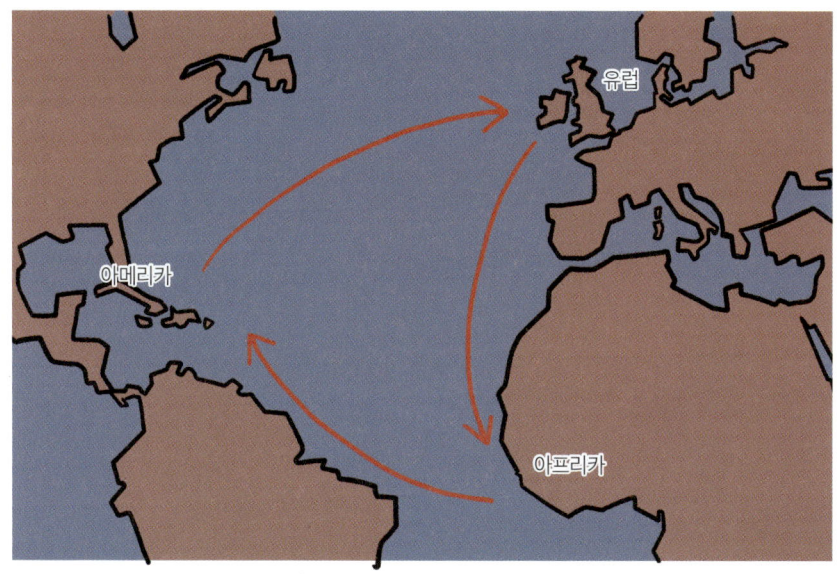

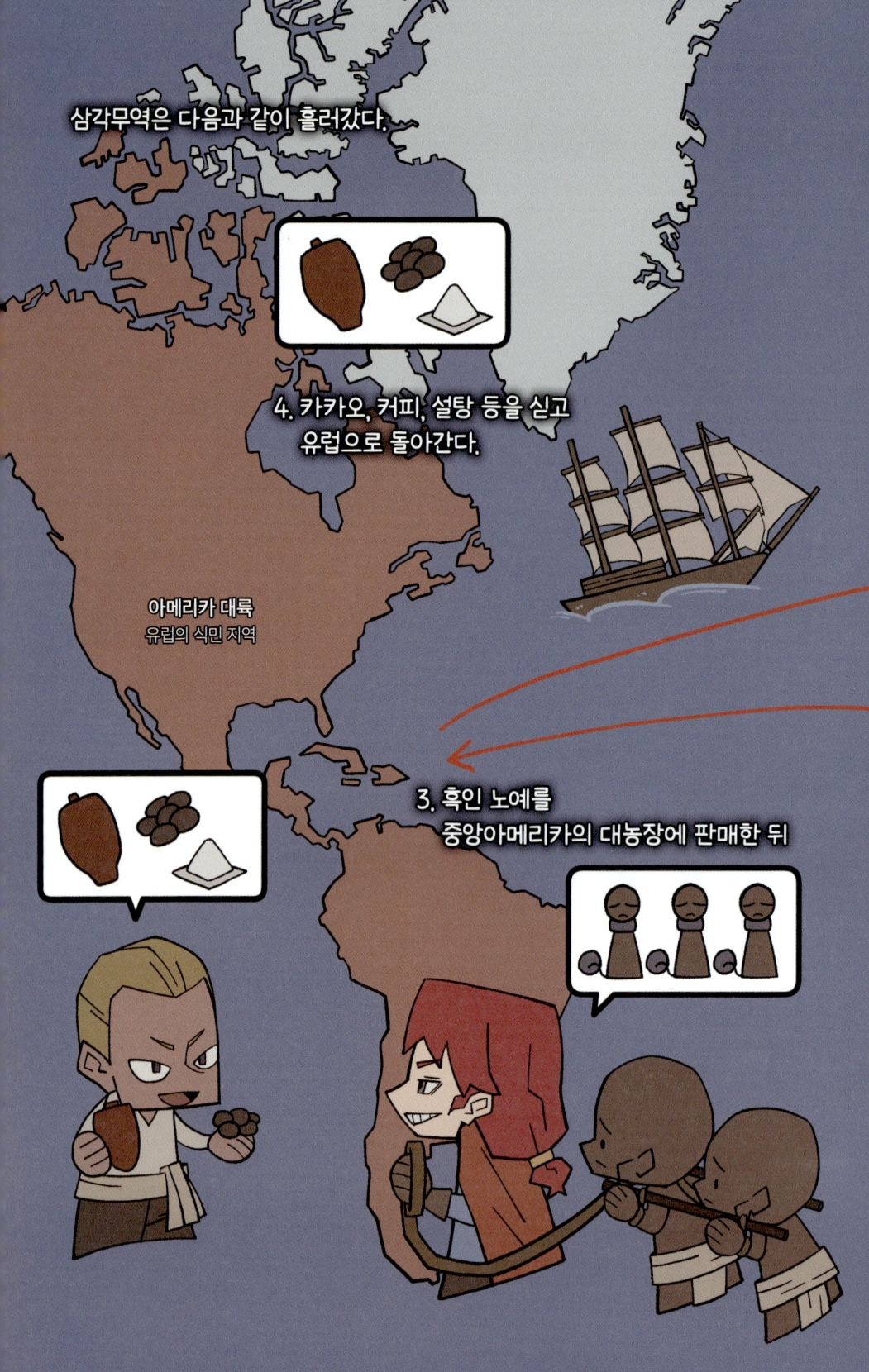

그러나 18세기 말,
전 세계에 불어닥친 혁명의 바람과 함께

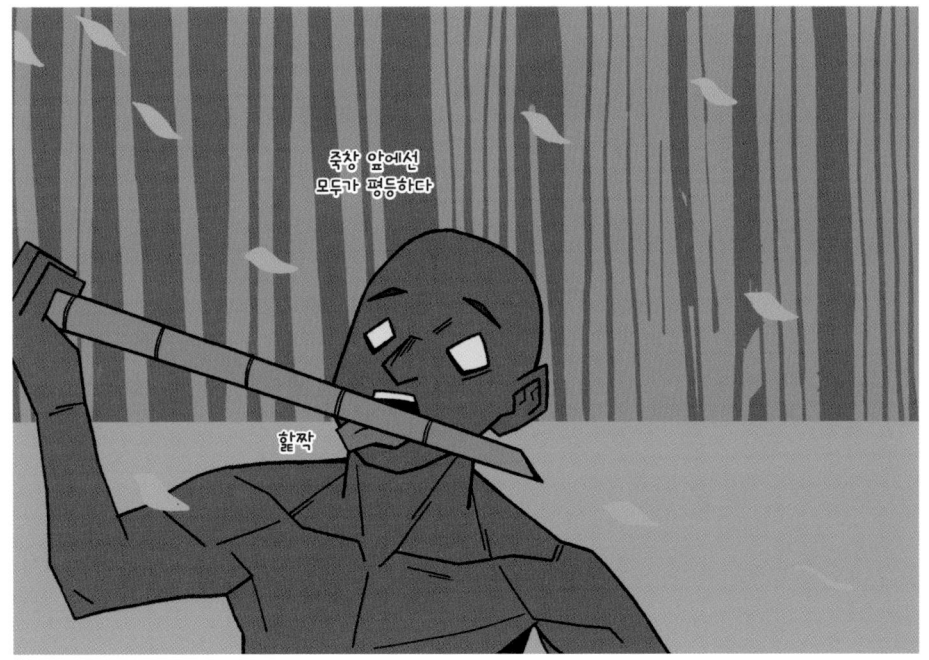

초콜릿은 또 하나의 변화를 맞이하게 된다.

초콜릿 편 자투리 3 — 귀족의 수제 초콜릿

초콜릿 음료는 제조 과정이 복잡했기 때문에

*초콜릿 편 자투리 1 참조

초콜릿을 다룰 수 있는 요리사를 둔 귀족들의 음료였다.

산업화가 시작되고 많은 음식이 기계를 통해 생산되어 가격이 내려갔지만

초콜릿은 귀족들의 사치 음식이었기에 기계를 통해 만들어지지 않았고

초콜릿 기능사가 19세기 말까지 귀족들을 위해 수제로 만들었다고 한다.

유럽식 초콜릿 음료
초콜라테가 들어오던 시기 유럽의 대표 음료는 차와 커피였고

기름지고 느끼한 초콜라테는 귀족들을 위한 '약'에 가까웠다.

아즈텍의 초콜릿 음료
아즈텍 문화에서도 쇼콜라틀은
쓰고 매운 탕약 같은 맛에 원기 회복을 위해 사용되었고

유럽식 초콜릿 음료
유럽으로 넘어간 초콜라테는 설탕을 넣어 달콤하긴 했지만,
마찬가지로 원기 회복을 위해 사용했다.

그리고 시간이 흘러 19세기

약이었던 초콜릿은 디저트로 변화하기 시작한다.

초콜릿 바
Chocolate bar

6

초콜릿
CHOCOLATE

6-4
디저트 초콜릿

유럽의 초콜릿 수요는 스페인이 공급한 이후로 계속해서 증가했다.

그러나 19세기 초, 나폴레옹에게 유럽 열강이 무너지자

유럽 열강의 식민 통치에 반기를 들고 있었던 호전 세력이
폭동을 일으킨다.

사회 불안이 가중되자 유통에 문제가 생긴 초콜릿은
사치품으로 분류될 만큼 비싸졌고

유럽 사람들은 비교적 값이 저렴한 차와 커피를 마셨다.

초콜릿은 시대적 위기를 겪고 있었지만 이 시기에 크게 변화한다.

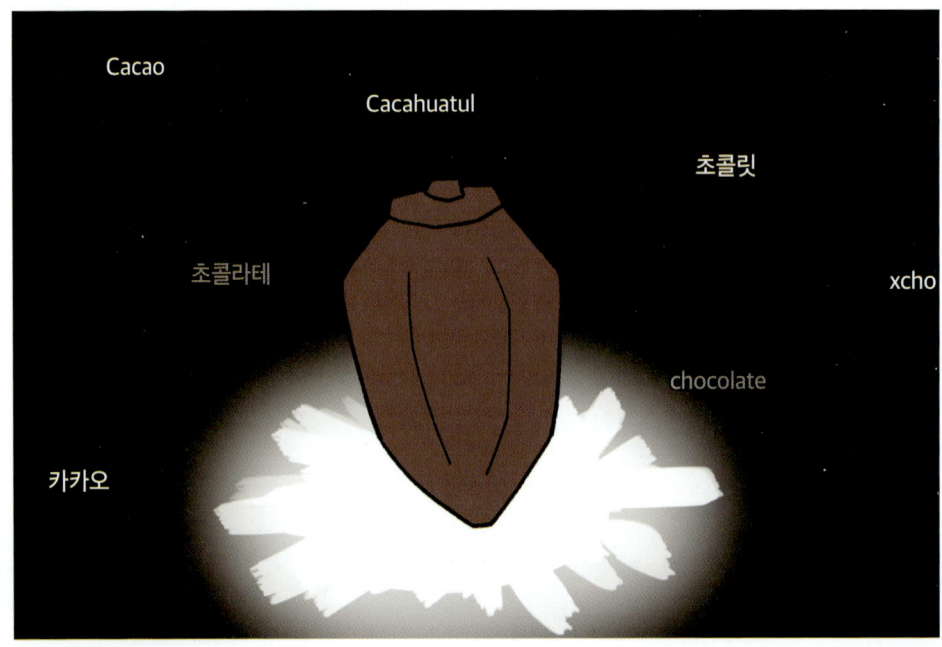

1828년 반 허튼에 의해 초콜릿을 위한 압착기가 개발되는데

압착기

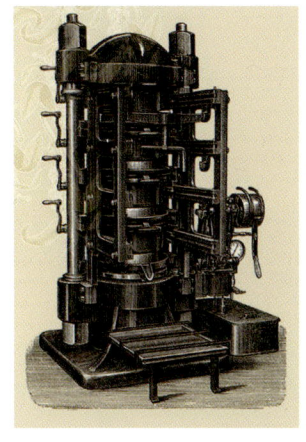

콘라드 요하네스 반 허튼
Coenraad Johannes van Houten

압착기를 통해

카카오 음료의 주 원료인 카카오 매스는

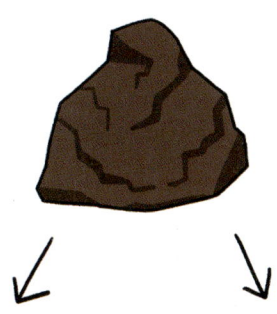

카카오 버터와

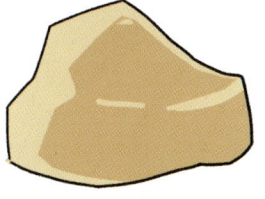

카카오 분말로 분리되었다.

카카오 분말은 기름이 적어 물과 우유에 빠르게 녹았고

맛이 부드러워 훨씬 마시기 좋았다.

압착기의 또 다른 부산물인 카카오 버터는 대부분 버려졌으나

사람들은 카카오 버터를 활용할 방법을 연구하기 시작했다.

하지만 초기 초콜릿은 거친 식감을 가지고 있었고

로돌프 린트의 콘칭 머신을 통해 부드러운 식감을 얻게 되면서

현대의 디저트 '초콜릿'이 탄생하게 된다.

이후 초콜릿은 여러 베리에이션으로 개발되었고

사업가들에 의해 대량으로 만들어진 초콜릿은
저렴한 가격에 공급되었다.

초콜릿 문화는 세계 대전 중 군인들의 전투식량으로 보급되며
전 세계로 퍼져나갔으며

초콜릿은 귀족들이 즐기는 방탕한 약에서

전 세계인이 즐기는 디저트가 되었다.

초콜릿 편 자투리 4 ✕ 찰리와 초콜릿…마을?

허쉬 초콜릿 컴퍼니의 창립자 밀턴 허시(Milton S. Hershey)

그는 초콜릿 공장과 노동자를 위한 완벽한 마을을 설계했다.

허쉬 타운 Hershey town

- 학교
- 교회
- 병원
- 스포츠 경기장 허시 파크 아레나
- 공원
- 주거 시설
- 공장
- CHOCOLATE FACTORY

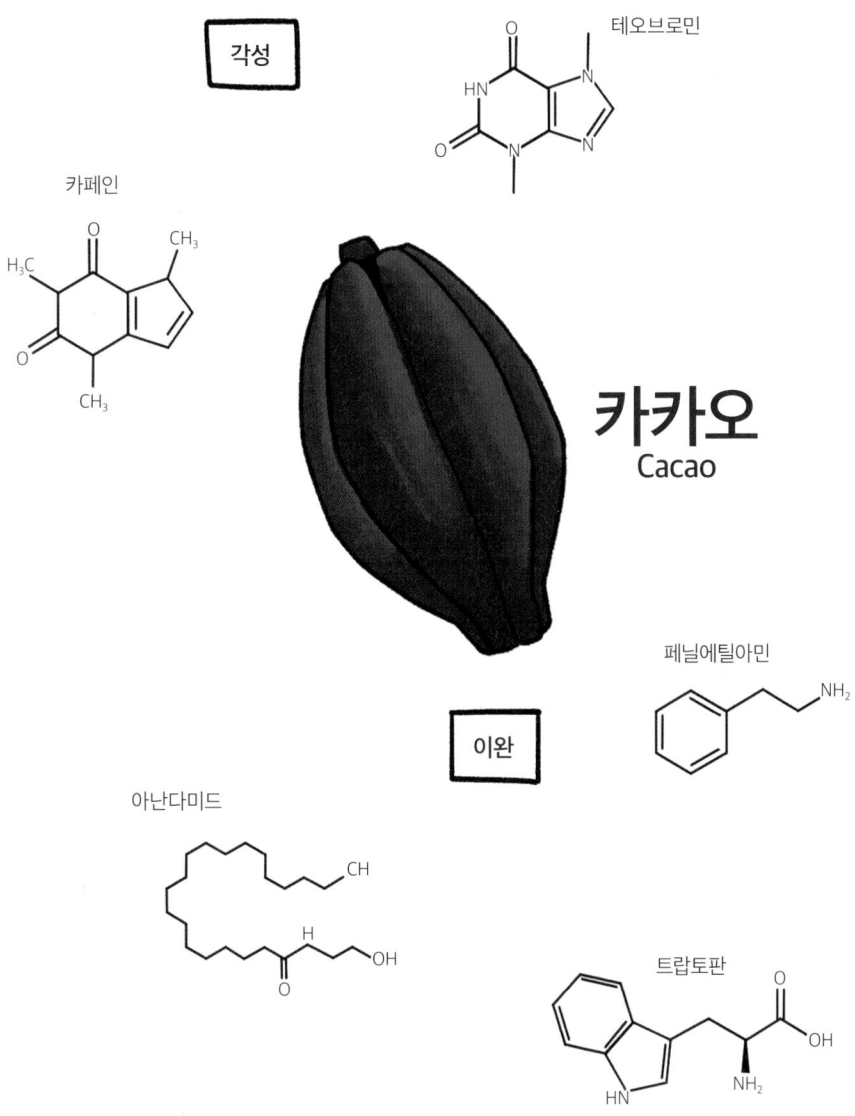

초콜릿이 주는 기분 좋은 흥분감은 마치 사랑을 하는 것과 같았기에

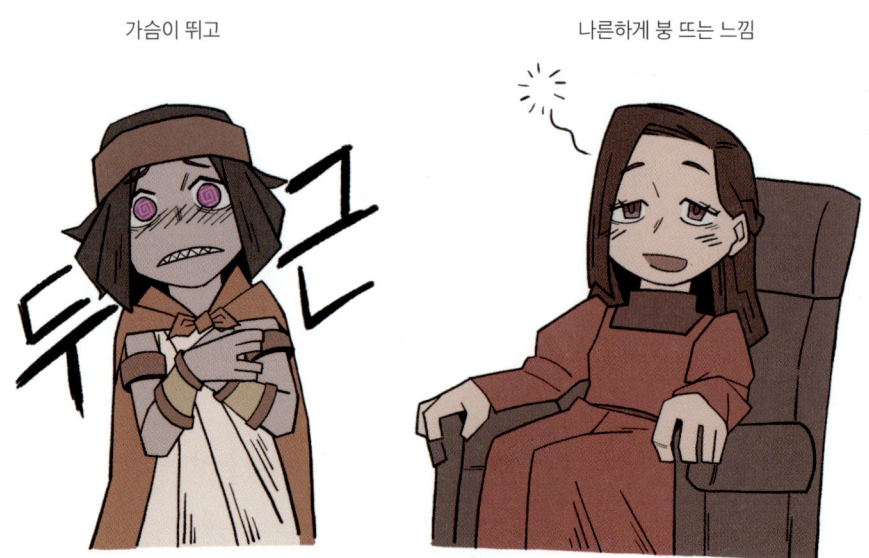

초콜릿은 긴 시간 동안 사랑의 묘약으로 사용되었다.

6 초콜릿
CHOCOLATE

외전
사랑의 묘약 죠콜릿

초콜릿과 이성관계에 대한 이야기는 어느 시대에나 존재했다.

중앙아메리카
아즈텍의 왕

유럽
자코모 카사노바

미국
밀턴 허시

처음 카카오 열매를 이용했던 중앙아메리카 원주민들은
카카오를 이용해 음료를 만들었고

쇼콜라틀
Xocolatl

*쇼콜라틀에 대해서는 '6-1 초콜릿의 탄생' 참조

아즈텍의 왕은 수많은 후궁의 관리를 위해서

팝콘
Popcorn

매일 50잔의 쇼콜라틀을 마시며 정력을 키웠으며

부인과의 애정 행위에 쇼콜라틀을 몸에 발라

그것을 핥아가며 애정 행위를 즐겼다고 한다.

중앙아메리카로 넘어온 스페인 사람들도
초콜릿이 주는 느낌에 중독되어갔는데

아즈텍의 초콜릿 음료
쇼콜라틀

특히 스페인 여성들은 중독의 정도가 심해

초콜...라테...

더... 줘...

미사 중 초콜라테를 금지시킨 주교를 칼로 찌르려고 했으며

초콜라테를 주지 않으면 종교를 버리겠다고 협박하기도 했다.

초콜릿이 사람을 흥분시키는 이야기가 유럽으로 전해지자
또는 미치게 하는

초콜릿은 유럽 귀족들 사이에서 선풍적인 인기를 끌게 된다.

사교회가 잦았던 유럽의 젊은 귀족들은

사교회에서 초콜릿을 대접하며

귀족 사회에서 문란하고 방탕하게 사용된 초콜릿은

소설, 연극 등에서 묘사되며 대중적으로 알려졌고

그러나 19세기

초콜릿 바의 탄생과

18~19세기 산업혁명에 이은

자유무역의 대두

그리고 자유무역의 영향으로
설탕 가격이 폭락함으로써

초콜릿은 대량으로 공급되어 엄청나게 저렴해졌고

대중적인 간식으로 바뀌게 된다.

이때부터 초콜릿은

성실한 노동자와 운동선수의 에너지이자

아이와 여성을 위한 다정한 간식

그리고 사랑과 우정을 표현하는 선물로 마케팅되며

기존의 문란한 이미지를 쇄신하고

세상에서 가장 로맨틱한 간식으로 자리 잡게 된다.

초콜릿 편 자투리 5 ✕ **카카오 열매의 맛**

다른 열매와 마찬가지로 카카오 열매 또한 과육이 있다.

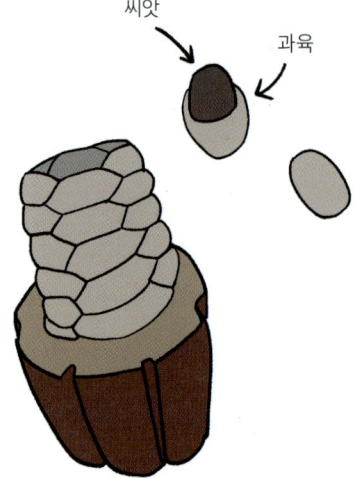

카카오 과육은 초콜릿의 재료인 카카오 콩의 발효에 이용되기도 하고

발효 중

*초콜릿 편 자투리 1 쇼콜라틀 제조법 참고

아주 쉽게 부패하는 특성 때문에

*카카오 과육은 상온에서 3분이면 부패하기 시작한다.

세균
카카오 열매
이 맛은 다량의 수분과 당질의 맛이구나!!
세균
카카오 열매!
내가 좋아하는 맛이지!

신선한 카카오 과육은 현지 생산지에서밖에 먹을 수 없다고 하며

주요 카카오 생산지

멕시코, 브라질, 코트디부아르, 인도, 인도네시아

*주로 적도 근처

카카오 과육의 맛은
복숭아, 딸기, 라임을 섞은 듯한 상큼한 맛이라고 한다.

딸기

복숭아

라임

맛있다!

인간이 남긴 음식을 먹으러 온 늑대는

개가 되었고

식량 창고에 숨어든 쥐를
잡으러 온 고양이는

인간과 공생하며 살게 되었다.

그리고 곡물 씨앗을 쫓아 인간의 마을로 온

야생의 새
적색야계는

닭이 되었다.

7

프라이드 치킨
FRIED CHICKEN

7-1
닭(Chicken)

농경생활을 시작하며 인간은
굶주림에서 어느 정도 벗어날 수 있었지만

단백질의 부족으로 병들어가고 있었다.

이러한 단백질 부족은 기원전 6천 년~4천 년 사이에
닭을 사육하기 시작하면서 해결되기 시작했는데

인간은 농경생활과 맞물려 대량 생산된 곡물의 부산물로

쌀겨

밀기울

각종 잡 씨앗

닭을 대량으로 기를 수 있었고

인간은 영양 불균형으로부터 어느 정도 벗어날 수 있었다.

구운 닭
Roast Chicken

대량으로 길러진 닭은 식량으로도 쓰였지만
다른 가축과는 달리 다양한 쓰임새가 있었다.

이러한 사실을 몰랐던 시대에는
닭이 울면 해가 뜨는 것처럼 보였기에

각 문화권에서 태양신과 연관되어 등장했고

태양신과 소통하는 여러 행사에 사용되었다.

이 외에도 수탉의 공격적인 생김새는
전사를 상징하여

투계 스포츠로 사용되었고

머리를 숙이지 않는 굳건한 모습은
정력을 상징하였기에
정력제로도 사용되었다.

암탉은 새 생명을 끊임없이 생산하는 모습에서

다산과 회복의 음식으로 사용되었다.

치킨 수프
Chicken soup

시대와 장소를 막론하고
닭의 쓰임새는 다양한 문화에서 비슷하게 사용되었다.

11세기에 들어서 닭은 음란한 성질을 돋운다며
성직자들에게 멸시받기도 했지만

여전히 닭은
서민을 위한 가축으로 널리 길러졌다.

그리고 시간이 흘러 15세기,
닭은 스페인 모험가의 배를 타고

크리스토퍼 콜럼버스
Christopher Columbus

프라이드 치킨의 산지

아메리카 대륙으로 향하게 된다.

| 프라이드 치킨 편 자투리 1 | 동물계의 이브이 '닭' |

고대의 닭 적색야계는 현대와 비교해서
엄청나게 적은 알을 낳았기 때문에

고대
2~4주기
10~15개의 알

현대
수시로 낳는다.
300알 이상

*1년 기준

초기 닭은 식용보다는 주로 제사에 사용되었다.

아폴론 아마테라스

아폴론 신이시여!!! 아마테라스 신이시여!!!

그러나 닭의 유전자는 선발 교배를 통해
빠르게 변화하는 성질을 가지고 있기 때문에

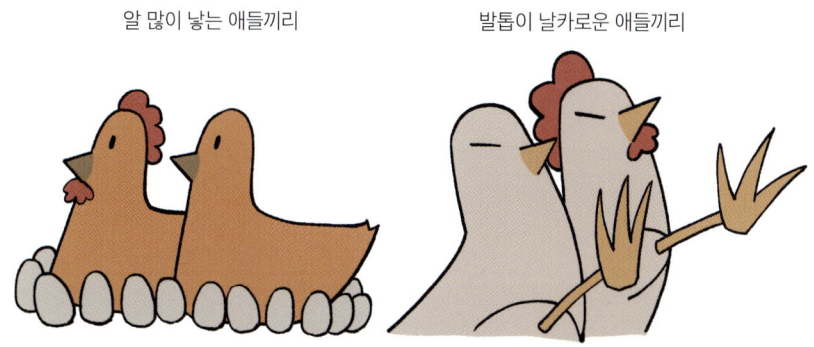

닭은 인간이 원하는 다양한 모습으로 빠르게 변했다고 한다.

음식 인문학 만화

이곳은 고레 섬^{Gorée Island}

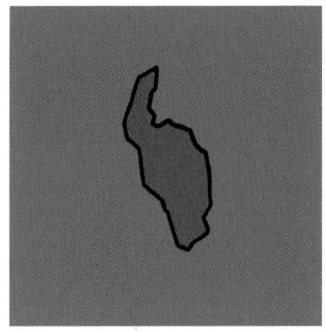

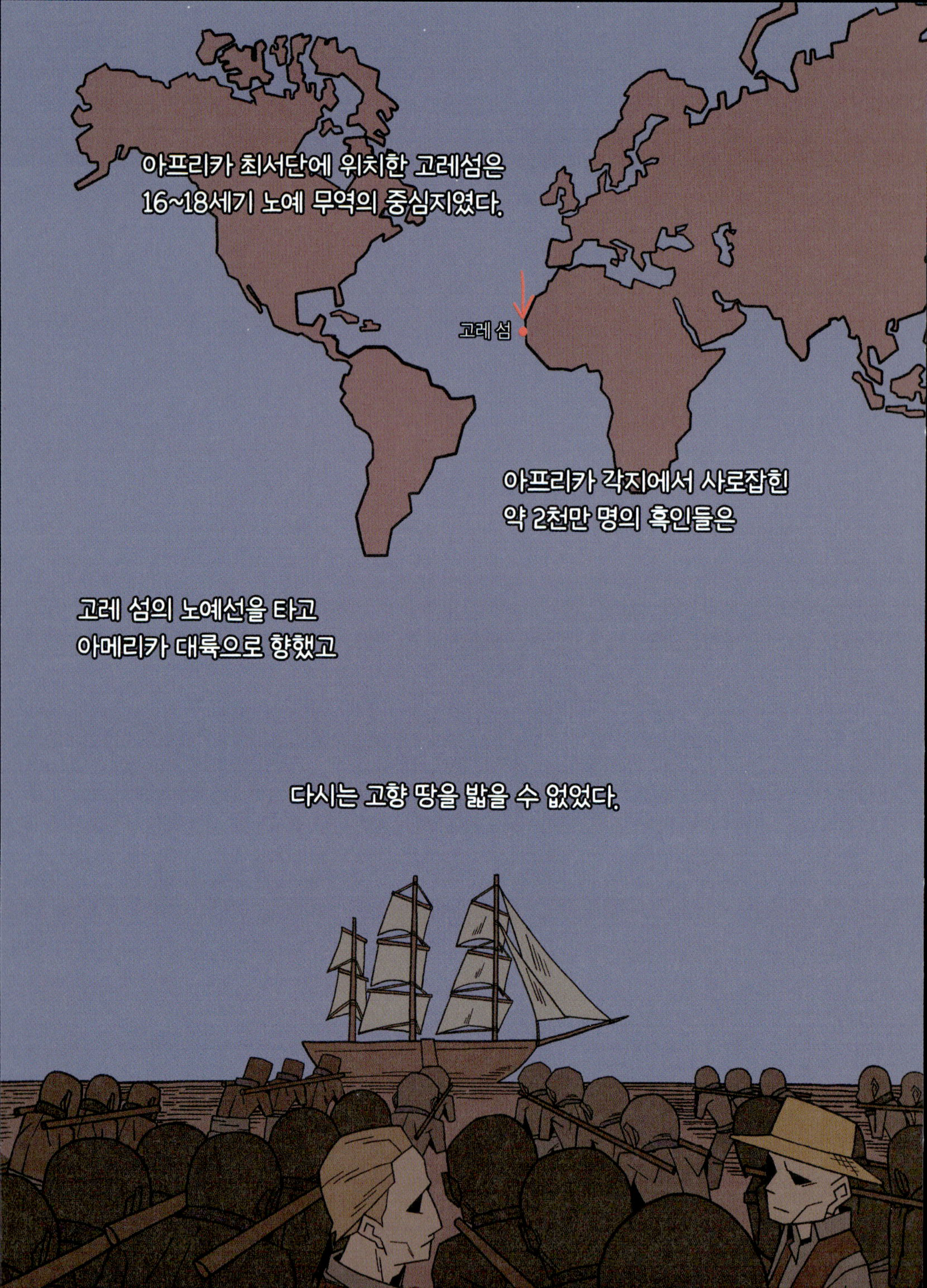

아프리카 최서단에 위치한 고레섬은
16~18세기 노예 무역의 중심지였다.

고레 섬

아프리카 각지에서 사로잡힌
약 2천만 명의 흑인들은

고레 섬의 노예선을 타고
아메리카 대륙으로 향했고

다시는 고향 땅을 밟을 수 없었다.

수개월 동안 이어지는 노예선의 환경은 너무나도 가혹했는데

무역상은 노예의 생존을 위해
최소 60Kg의 몸무게를 요구했다.

그래서
노예 상인들은 노예를 살찌우기 위해 튀김을 먹였다.

아카라
Akara
동부콩, 양파, 쌀을 반죽하여 튀긴 음식

그렇다.

누군가에게 튀김은 생존음식이었다.

⑦ 프라이드 치킨
FRIED CHICKEN

⑦-2
생존 음식 치킨

기름을 사용하여 조리하는 조리 방법 '튀김'은
다양한 문화에서 다양하게 존재했다.

튀김에는 여러 이점이 있지만

가장 중요한 특징은
지방 함량이 높아져 고열량의 식품이 된다는 것이다.

닭고기 구이
110Kcal

프라이드 치킨
290Kcal

*100g 당

이러한 특징은 극한의 노동을 견뎌야 했던 노동자들에게
알맞은 조리 형태였다.

피쉬 앤 칩스
Fish and Chips
영국 이민 노동자들의 음식.
쉽게 구할 수 있는 감자,
대구 등을 튀긴 요리이다.

특히 노예로 팔려온 흑인들은
하루 12시간이 넘는 고된 노동을 해야 했지만

흑인 주거지의 공동 경작지에서 나오는 식량을
작황에 따라 불규칙하게 분배받았기에

주어지는 음식의 양은 너무나도 적었다.

그래서 노예들은 살아남기 위해 음식을 자급자족해야 했는데

이때

혹인이 유일하게
기를 수 있었던 가축인 닭을

밀가루와 향신료를 더해
양념한 뒤

기름을 사용하여 튀긴 것이

라드
Lard
돼지의 기름

미국식 프라이드 치킨의 시작이다.

프라이드 치킨
Fried Chicken

노예로 끌려온 흑인들은 고열량으로 조리된 음식을 먹으며
고된 노동을 견뎌냈고

크리올 검보
Gumbo

잠발라야
Jambalaya

프라이드 치킨
Fried Chicken

힘든 시기를 함께 견딘 프라이드 치킨은

흑인들의 소울푸드가 되었다.

유럽인의 아메리카 대륙의 개척이 시작되고,
다양한 사람들이 기회를 좇아 신대륙으로 이주해오기 시작했다.

17세기 아메리카 대륙으로 이주한 프랑스계 유럽인은
남부 루이지애나에 거주하고 있었고

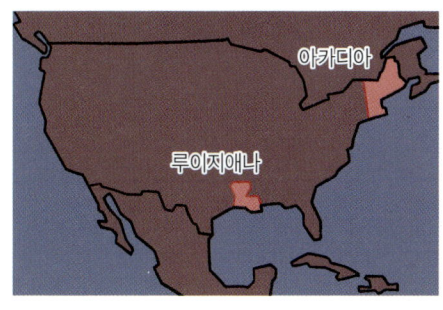

이들을 아카디아인이라고 불렀다.

아카디아인
본래 캐나다 아카디아 지역에 정착하여
아카디아인이라고 불렸지만
중앙 정부의 통제를 거부하여
루이지애나로 낙향하여 살게 되었다.

아카디아인들은 아메리카 대륙의 식재료와 프랑스 조리 방법을 합하여 새로운 음식을 만들어냈는데

이 음식을 '케이준 음식'이라고 한다.

케이준 검보
Cajun gumbo
크레올 검보가 해산물 위주라면 케이준 검보는 육류 위주의 검보이다.

케이준 음식
Cajun food
아카디아인이 개발한 퓨전 음식. 아카디아를 미국식으로 읽어 케이준이라는 이름이 붙여졌다.

그리고 프라이드 치킨은 흑인들의 문화에 가까웠기 때문에

백인은 유럽의 전통 요리인 '로스트 치킨'을 더 선호했다.

시간은 흘러 1865년,
링컨이 이끄는 북부 군의 승리로 남북전쟁이 끝나자

에이브러햄 링컨
Abraham Lincoln
미합중국 제16대 대통령

노예로 잡혀온 흑인들은 모두 자유민이 되었지만

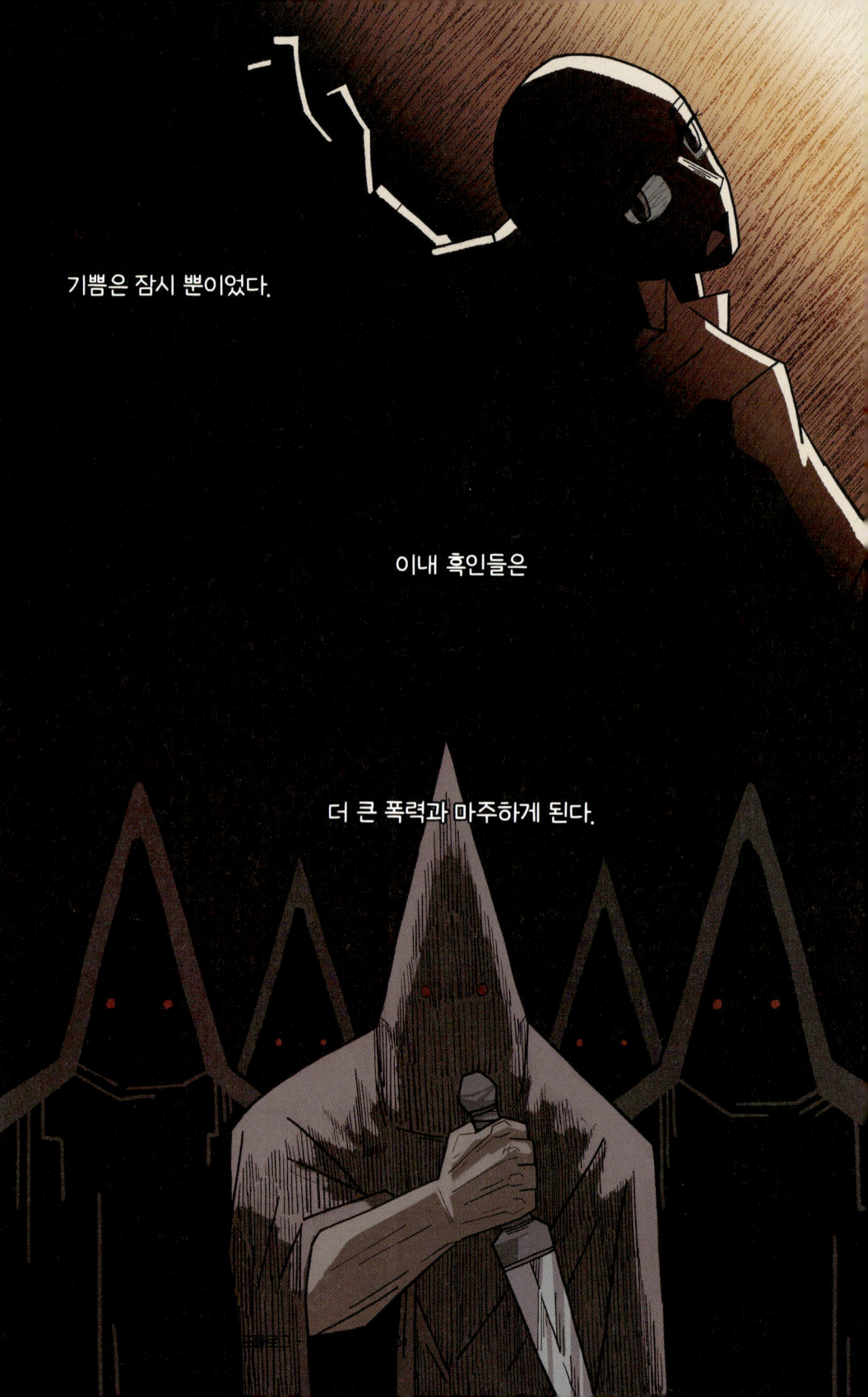

⑦ 프라이드 치킨
FRIED CHICKEN

7-3
치킨 르네상스

남북전쟁이 끝나며 노예 신분이었던 사람들은
모두 자유민이 되었다.

자유민이 된 노예들은 토지를 임대받아 재산을 쌓을 수 있었고

힘든 생활이었지만 미래를 꿈꿀 수 있었다.

하지만
남북전쟁의 패배는 남부 사람들에게 너무나도 가혹했다.

노예를 해방한 농장주들은
정부로부터 어떠한 보상도 받지 못했고

여보! 우리 이제
거지예요!!

거리에는 죽고 상처입은 사람들이
넘쳐났으며

고향은 폐허가 되었다.

전쟁으로 인한 사회 문제가 넘쳐났지만

남북전쟁의 피해 보상에 관한 이야기에 묻혀

아무것도 해결되지 않은 채 상처는 곪아만 갔다.

방치된 남부인들의 분노는
자연스럽게 집단을 형성하게 되었는데

이때 탄생한 집단이 KKK단, 쿠 클럭스 클랜^{Ku Klux Klan}이다.

*백인 우월주의, 반유대주의, 인종차별, 반(反) 로마 가톨릭교회, 기독교 근본주의, 동성애 반대 등을 표방하는 미국의 폭력적 비밀결사 단체

귀신 같은 모습을 한 KKK단은 주로 미국 남부 지역에서 활동했다.

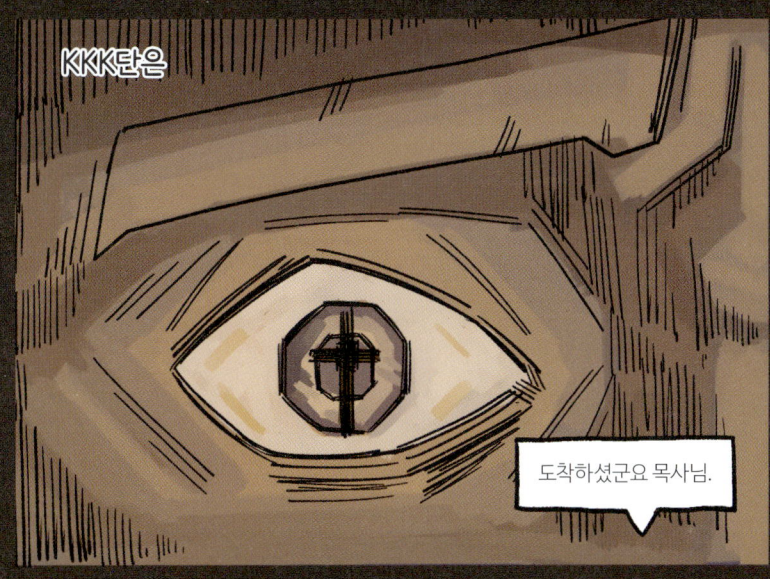

대다수의 남부인들은

백인 여성을 훔쳐보던
무뢰배들을 잡았습니다
목사님.

이게 무슨…

목사님?

그들의 행동이 당연하다고 생각했다.

흑인들은 남부 사람들의 폭력을 피해

열차를 타고 미국 북부의 대도시로 향하게 되었고

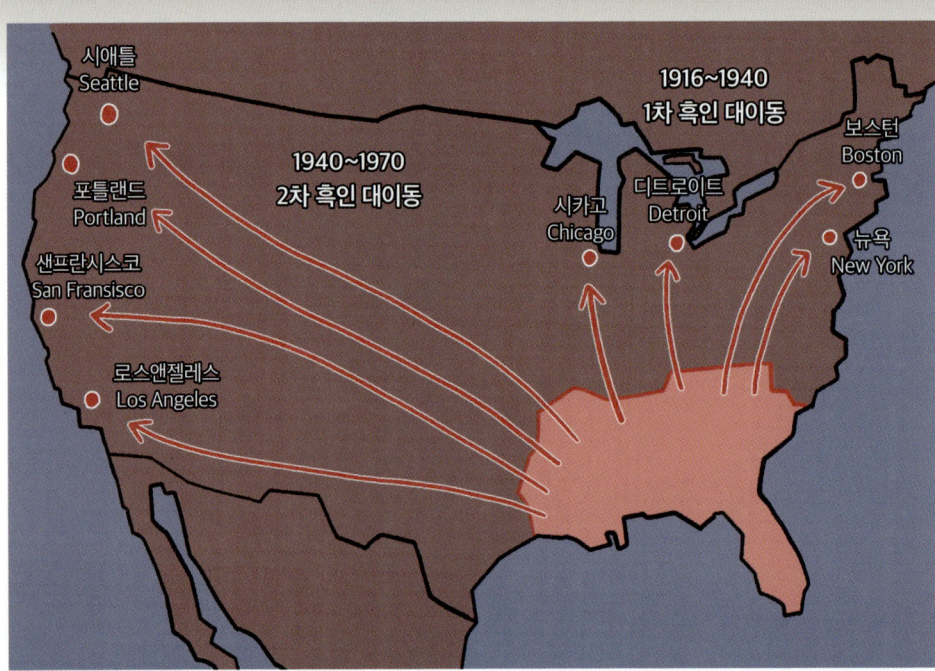

대도시의 흑인 구역에서 생활하게 된다.

대도시에 정착한 흑인들은
자신들의 문화를 널리 퍼뜨리기 시작했다.

할렘 르네상스
Harlem Renaissance
1918년부터 1930년대 중반까지
미국 뉴욕의 흑인지구 할렘을 중심으로 퍼진
흑인예술문화의 부흥을 의미한다.

할렘 르네상스 시기에

흑인의 음악

재즈
Jazz

블루스
Blues

가스펠
Gospel

문학과 미술

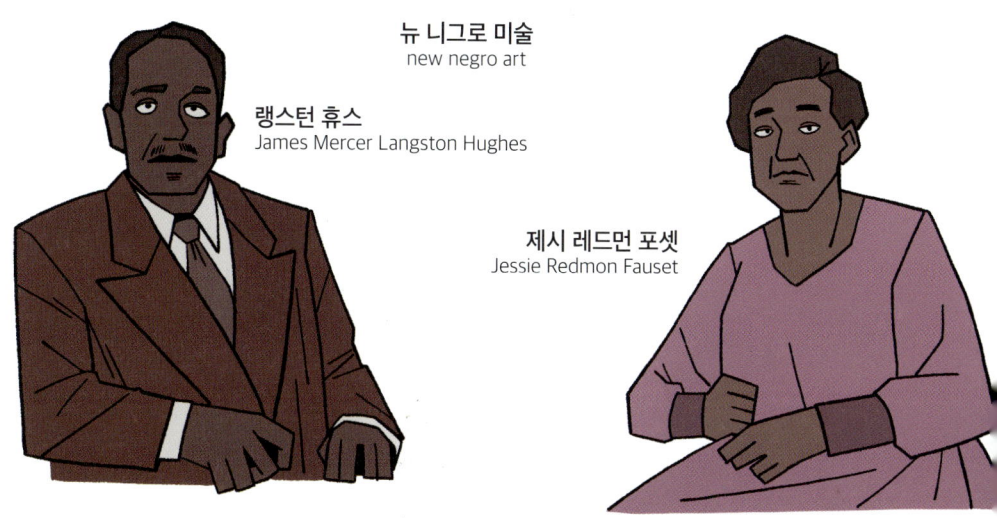

뉴 니그로 미술
new negro art

랭스턴 휴스
James Mercer Langston Hughes

제시 레드먼 포셋
Jessie Redmon Fauset

그리고
음식이 소개되었다.

피그 피트
Pig feet

검보
Gumbo

프라이드 치킨
Fried chicken

이 시기에 예술가들은 인종 상관없이 서로 교류하기 시작했고

프라이드 치킨을 포함한 흑인 문화는 대중문화로써 자리 잡게 된다.

미국 전역을 매료시킨 흑인들의 프라이드 치킨은 프랜차이즈화 되어

할랜드 샌더스
Harland Sanders
KFC의 창업자

전 세계에 2만400여 개의 매장 운영 중!

미국을 넘어 전 세계로 퍼져나갔고

한때 노예들의 음식이었던 미국의 프라이드 치킨은

존나 좋군

전 세계인이 즐겨 먹는 음식이 되었다고 한다.

대홍수 이후 노아는 포도 농사를 지었고

노아의 곁에는 방주를 같이 만들었던 세 아들이 있었다.

그러나 함의 형제들은 잠든 노아에게 조심히 다가가

치부
그의 하체를 덮어주었다.

술에서 깬 노아가 이 사실을 알게 되자 크게 격노하며 함을 저주했다.

함은 들으라!!

18세기 미국 남부의 기독교인은 함의 저주를 빌미로 노예제도의 정당성을 주장했다.

하지만 북부 기독교인들은 자비와 평등을 가치로 남부인들과 대립했으며

남북전쟁 이후에도 종교적 믿음을 바탕으로 뿌리 깊게 자리 잡은 차별 인식은 쉽게 사라지지 않았다고 한다.

이슬람의 밤은 신비롭다.

하늘의 별빛은
신의 의지가 새어 나오는 것이었기에

밤은 신과 더 가까워지는 시간이었다.

이슬람교 수피즘(신비주의) 신자들은
신과 더 가까워지기 위해 밤에 기도하길 원했지만

쏟아지는 잠을 참을 수 없었다.

그래서 수피즘 신자들은
잠을 깨기 위해 '카와'라는 음료를 마셨는데

수피즘 신자들이 마신 카와가 바로

이슬람의 검은 와인
'커피'이다.

8 커피
COFFEE

8-1
이슬람의 커피

커피의 역사는 15세기 중동 남부 예멘 지역에서 시작된다.

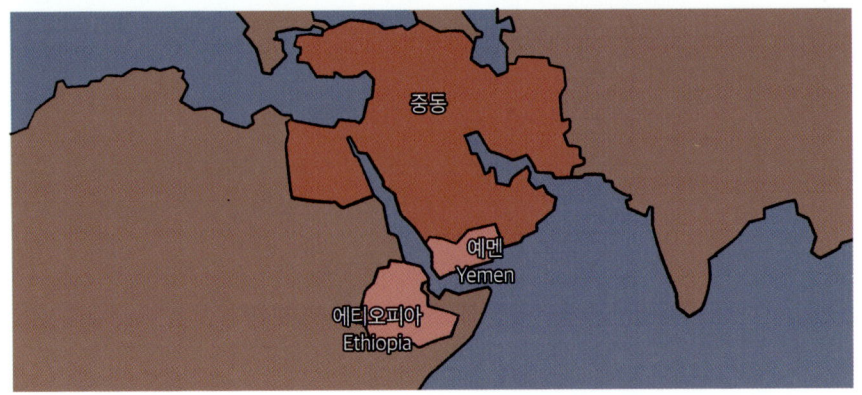

예멘 지역과 가까운 에티오피아 지역의 원주민들이 먹던 커피 열매는

예멘 지역으로 건너와
수피즘 신자들의 수행에 도움을 주는 음료로 사용되었고

이슬람의 커피는 '카와'라고 불렸다.

카와
Qahwah
이슬람의 전통 커피.
'식욕을 억제하다'라는 말에서 기원한다.

커피는 무슬림에게 아주 매력적인 음료였다.

무슬림
Muslim
이슬람교를 믿는 남성

무슬리마
Muslimah
이슬람교를 믿는 여성

*이하 이슬람교 신자는 모두 무슬림으로 통일하여 표기

모든 무슬림은 육신오행六信五行의 기본 교리를 지켜야 했는데

육신六信이란 6가지 믿을 것들을 의미하고

오행五行이란 5가지 의무를 뜻한다.

이슬람의 5대 의무는 사회질서를 유지하고 공동체 의식을 키우는 데 좋은 지침이 되었지만

매번 반복되는 의무는 꽤나 힘들었기에

잠을 깨워주며, 배고픔을 가시게 하는 커피는
무슬림에게 귀중한 음료였다.

예멘에서 시작된 커피는
무슬림의 카라반을 따라 이슬람의 성지 메카로 향했다.

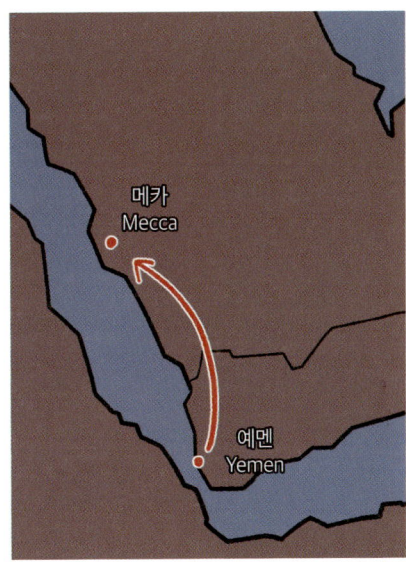

이슬람교의 모든 신자가 모이는 메카에서도 커피는 효과를 인정받았고

커피 문화는 메카에서 고향으로 돌아가는 무슬림을 따라 멀리 퍼져나갔다.

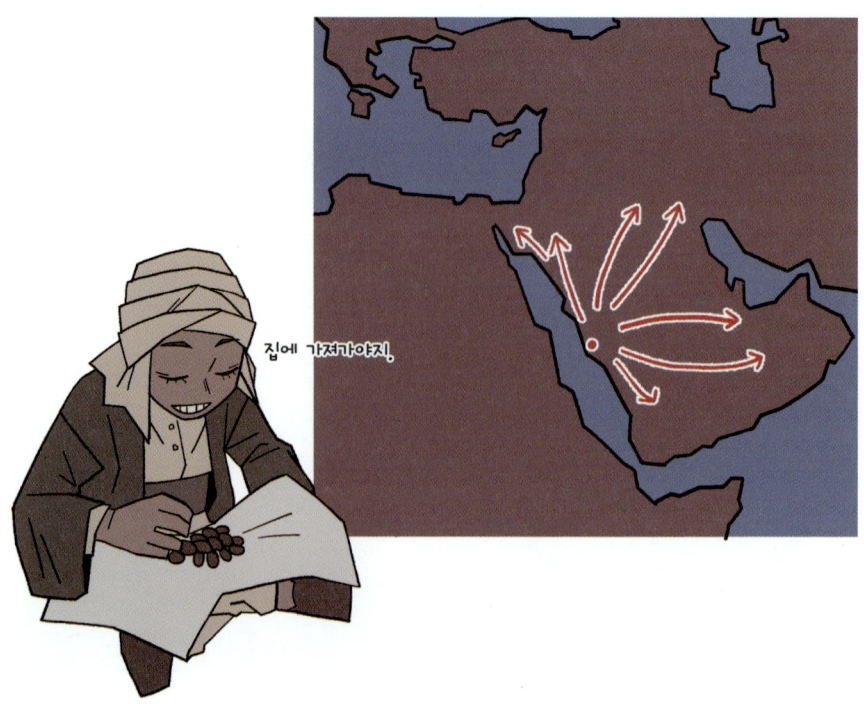

그리고 16세기
이스탄불에서 최초의 카페 카흐베하네가 탄생했다.

카흐베하네
Kahve Hane

이슬람의 카페 카흐베하네는

남녀노소 모두 이용하는
만남의 장소였고

각종 오락을 즐기는 공간이었으며

메따
Meddah
이슬람 이야기꾼

체스

지적 대화가 가득한 공간으로써
교양인의 학교^{Mekteb-i-irfan}라고도 불렸다.

커피는 마시기 시작한 지 100년 정도 만에 빠르게
이슬람 문화에 정착하게 되었고

이슬람의 검은 와인, 혹은 '검은 잠잠 성수'라 불리며

(이슬람의 성수)

이슬람의 대표 음료로 자리 잡게 되었다.

커피편 자투리 1 — 이슬람의 커피 금지 소동

커피는 와인과 마찬가지로 정신에 영향을 끼치는 음료였기에

와인과 커피는 동일하게 '카와'라고 불리고 있었다.

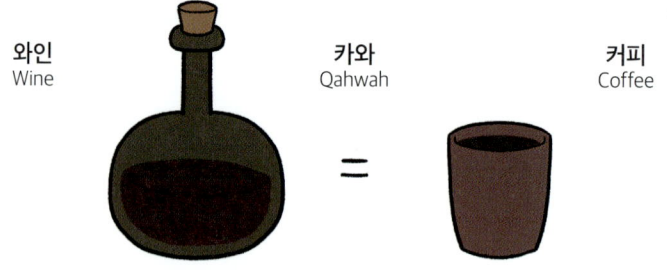

하지만 이슬람교는 술을 금지하고 있었기에

고심 끝에 술탄은 커피를 허가했고
커피는 이슬람 세계에서 빠르게 퍼져나갔으며

이후 커피와 와인은 구분되어 불렸다고 한다.

카와
Qahwah
커피

카암
Khamr
와인

덮다, 가리다 라는 뜻으로,
의식을 흐리게 덮는다는 의미이기에
붙여진 이름이다.

물은 생존에 필수적인 요소이다.

하지만 유럽에서는

유럽 사람들은 물 대신 술을 마셔야 했다.

17세기 무렵에도 유럽 사람들은
남녀노소 가리지 않고 하루 3리터 정도의 술을 마시고 있었고

전 유럽은 매일 취해있었다.

그러나 17세기,
알코올이 없는 음료가 등장하기 시작하면서

취기에서 벗어난 유럽은 각성하기 시작한다.

8
커피
COFFEE

8-2
유럽의 각성제 커피

자연스럽게 커피는 유럽 깊숙한 곳까지 퍼져나갔고

오스만 제국의 패퇴 이후에도 커피 문화는 유럽에 남게 된다.

커피는 지중해를 건너오면 2~3배로 값이 뛰었기 때문에

주로 돈이 많은 귀족과 부르주아들이 마시는 음료였다.

유럽의 커피는
이슬람의 카흐베하네와 비슷한 커피하우스에서 팔렸는데

커피하우스 이전의 유럽의 대표 모임 장소였던
선술집과는 다르게

커피하우스에서는

매너를 지켜야 했고

게임과 도박 그리고 음담패설을
할 수 없으며

지위 상관없이 모든 사람과 대화할 수 있었다.

커피하우스에서의 대화를 통해

사람들은 의식적으로 각성하게 되었고

계몽된 의식은 곧 혁명으로 이어졌다.

커피가 가져온 시대적 흐름은 계속되었고

커피와 함께 유럽은 중세 시대와 작별하며 근대로 향하게 된다.

커피 문화가 유럽에 정착한 이후
커피는 점차 생산지가 늘어나며 가격이 내려가게 되었기에

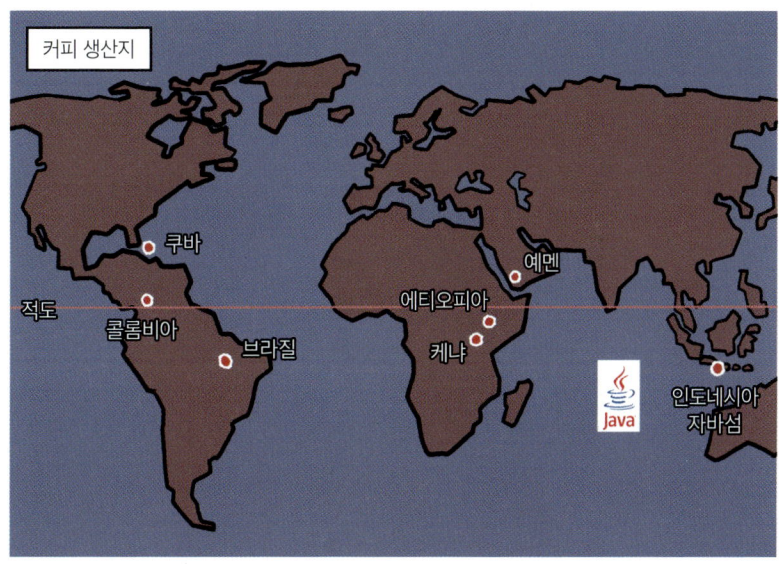

19세기, 커피는 누구나 마실 수 있는 음료로 자리 잡았다.

> 커피 편 자투리 2 ✕ 영국의 홍차, 프랑스의 커피

커피하우스가 점차 늘어가던 1650년대,
유럽에서 커피는 술을 대체하는 일상 문화로 자리 잡기 시작했고

유럽의 남성들은 커피를 마시며 지적 대화를 나누길 즐겼다.

커피하우스 문화
비슷한 살롱 문화가 귀족을 중심으로
문화 예술 위주의 대화가 오갔다면
커피하우스에서는 모든 사람이 대화에 참여할 수 있었다.
과학, 철학, 정치 등 다양한 주제의 대화가 오갔다.

그러나 영국의 여성들은
커피를 마시며 지적인 대화를 하는 남성들을 매력적으로 보지 않았고

프랑스 여성들은 커피를 마시며 지적인 대화를 하는 남성들을
매력적으로 보았다.

이러한 분위기 속에서 이성과의 교제를 원했던 남성들은
여성의 의향을 따라야 했고

이러한 문화는 영국의 **홍차**, 프랑스의 **커피**가
국민 음료로 자리 잡게 되는 데 일조하게 된다.

19세기까지 커피는

볶은 커피콩을 갈아 가루로 만들어

주전자에 넣은 뒤 끓이고

얼마간 놔두어 가루를 최대한 가라앉혀

조심스럽게 따라 마시는 음료였다.

이러한 방법은 시간이 오래 걸릴뿐더러

가루가 입에 들어가
텁텁해지기 일쑤였고

커피콩의 탄 부분이 들어가면 엄청나게 쓴맛이 났다.

이러한 점을 개선하기 위해서
이탈리아와 독일에서 커피 머신이 개발되고 있었지만

일상적으로 사용하기엔 힘든 부분이 많았다.

그리고 20세기

커피의 불편한 점을 모두 개선한

인스턴트 커피가 등장한다.

8
커피
COFFEE

8-3
인스턴트 커피 전성시대

인스턴트 커피의 발전은 미국에서 이루어진다.

미국은 18세기에
영국으로부터 독립하면서 차 문화를 버렸고

남쪽의 브라질과 쿠바에서 커피를 저렴하게 얻을 수 있었기에

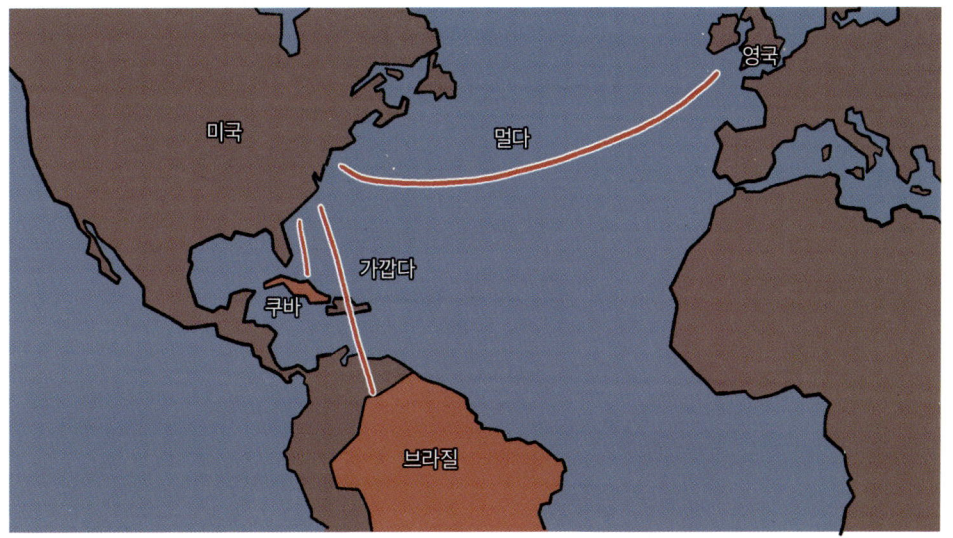

커피는 미국의 주류 문화로 자리 잡는다.

아메리카노
Americano
미국식 커피.
영국식 커피보다 옅은 농도의 커피.

미국인들은 어떠한 상황에서도 커피를 마시고 싶어했는데

미국의 커피 또한 고전 커피 제조 방식과 크게 다르지 않았기에 언제나 불편함을 동반했다.

그리고 20세기
기존 커피의 불편함을 한 번에 날려줄 인스턴트 커피가 등장했다.

인스턴트 커피는
커피 콩 추출물을 분무 건조하여 만들어지는데

맛과 향은 떨어지지만 뜨거운 물에 타면 바로 마실 수 있었기에

제1차 세계 대전의 전쟁 보급품으로 사용되었다.

군인들은 간편하게 마실 수 있는 인스턴트 커피에 매력을 느꼈으나

전쟁이 끝나자 향과 맛이 부족했던 인스턴트 커피는 외면받았다.

스위스의 네슬레사는
인스턴트 커피의 제조 과정을 정밀화하여 맛과 향을 보강했고

네스카페
Nescafe
네슬레사의 대표 상품

곧이어 터진 제2차 세계 대전에서 미국의 보급품으로 사용되었다.

군 보급용
네스카페 커피

인스턴트 커피는
제2차 세계 대전 때 개발된 의료품 생산 기술을 접목하여
맛을 발전시켰고

맛과 편리함 모두를 잡게 되면서 커피 시장의 대세로 떠올랐다.

맥스웰 하우스 맥심(1968)
최초의 고진공 동결건조 커피

인스턴트 커피의 유행은 일부 국가를 제외하고 계속되었는데

편리함과는 반대로 특별한 차 문화를 원하는 수요를 만들었으며

커피의 맛과 향을 중시한 스타벅스의 탄생과 함께

스타벅스(1976~)
STARBUCKS

인스턴트 커피의 유행은 막을 내리게 된다.

현대의 커피는 다양한 수요에 대응할 수 있도록 다양하게 발전했고

이슬람 수도사들의 음료였던 커피는 세계인이 즐겨 마시는 음료가 되었다.

| 커피 편 자투리 3 | 이탈리아의 에스프레소

이탈리아가 독립한 지 얼마 안 된 19세기 중반,
이탈리아의 주요 산업은 농업에서 공업으로 전환되고 있었다.

*이탈리아의 역사는 파스타 편 참조

도시에는 노동자들이 늘어났고
노동자들은 공장의 일정에 맞춰 빠르게 마실 수 있는 커피를 원했다.

이때 이탈리아에서 스팀기를 이용하여 빠르게 커피를 추출하는

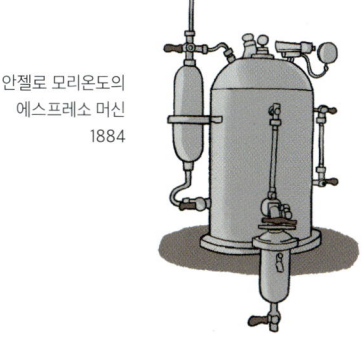

안젤로 모리온도의
에스프레소 머신
1884

에스프레소 머신이 개발된다.

이탈리아 사람들은 에스프레소를 빠르게 마시고 공장으로 출근했고

시간이 흘러 에스프레소는 이탈리아를 대표하는 커피로 자리 잡게 된다.

에스프레소
Espresso

고압의 뜨거운 물로 빠르게 추출하는 커피
전용 잔인 데미타스 잔(Demitasse)에 담아 마신다.

고기는 시대를 불문하고 선호되는 식재료였으나

고기의 부패는 압도적으로 빨랐기 때문에
인류의 주식은 언제나 곡물이었다.

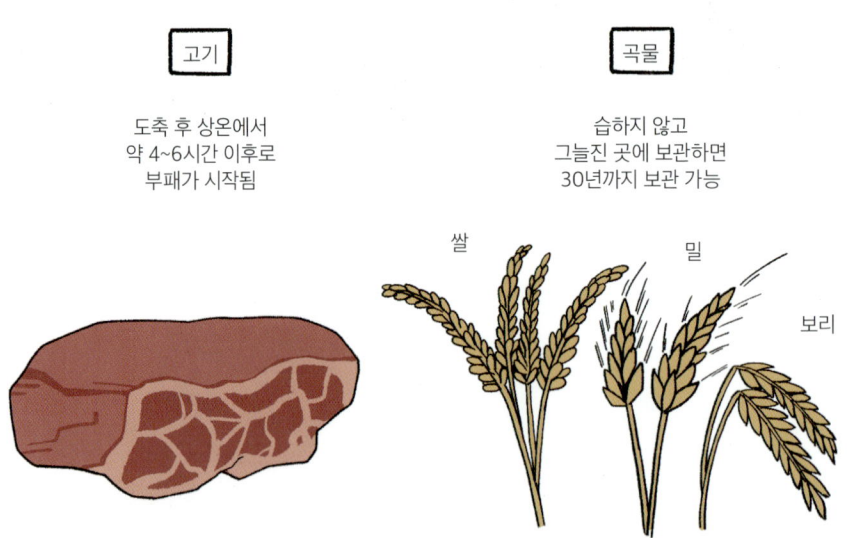

귀중한 고기의 활용은 인류에게 큰 숙제였고

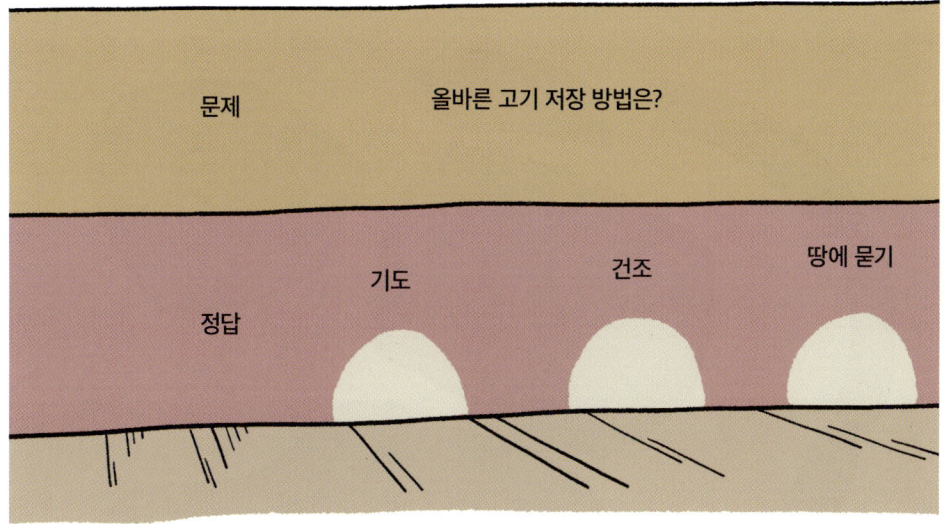

인류는 모든 지혜를 총동원하여 고기를 활용했는데

고기를 활용하는 여러 가지 방법으로부터

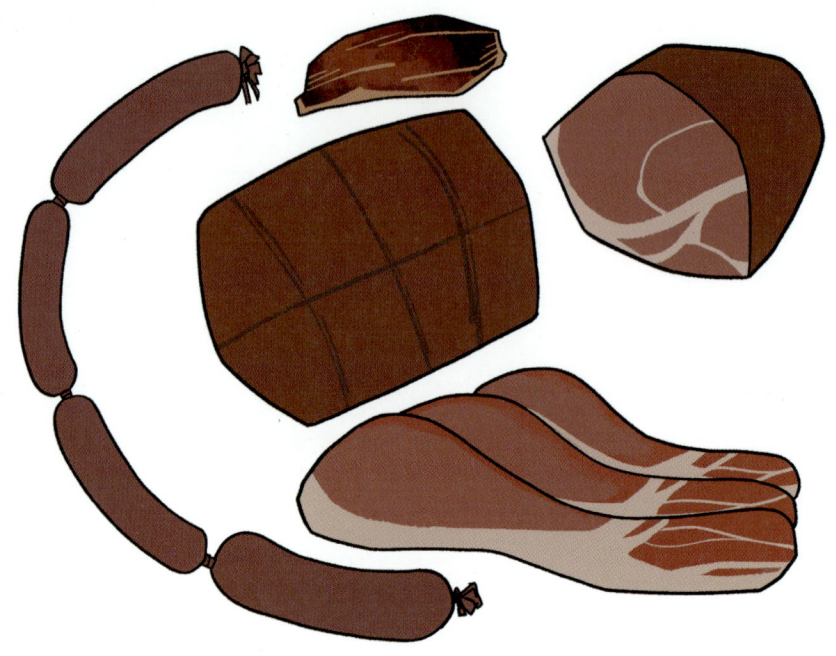

햄버거는 탄생하게 된다.

9
햄버거
HAMBURGER

9-1
햄버거의 탄생

인류가 이용한 가장 오래된 고기 저장 방법은 건조와 염장이다.

건조와 염장 모두 유기물 속 수분을 빼내어 부패를 방지했고

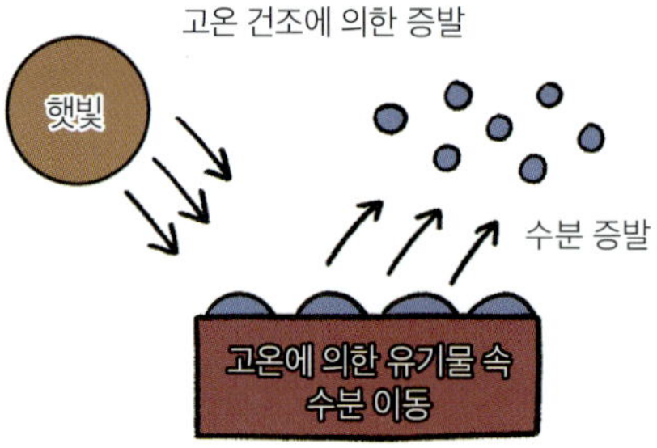

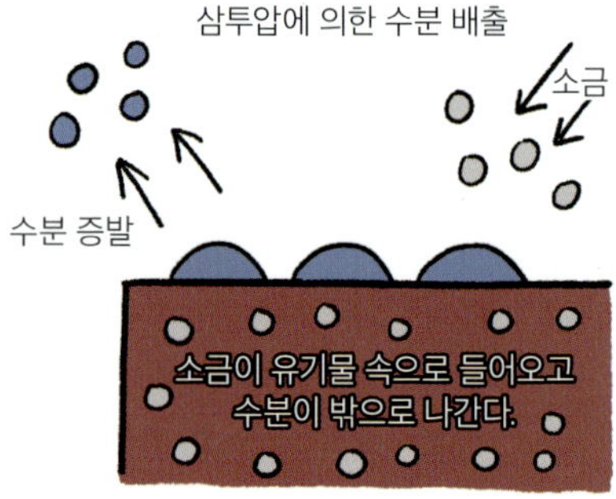

고기의 건조와 염장을 통해 다양한 음식이 만들어지게 된다.

건조

육포
프로슈토
세균
빛이여!!

염장

정화한다!!
햄
염장 건조 고기
세균

건조와 염장은 시대와 장소를 구분하지 않고
전 세계에서 사용된 방법이었기에

건조와 염장을 통해 다양한 고기 가공 음식이 만들어졌다.

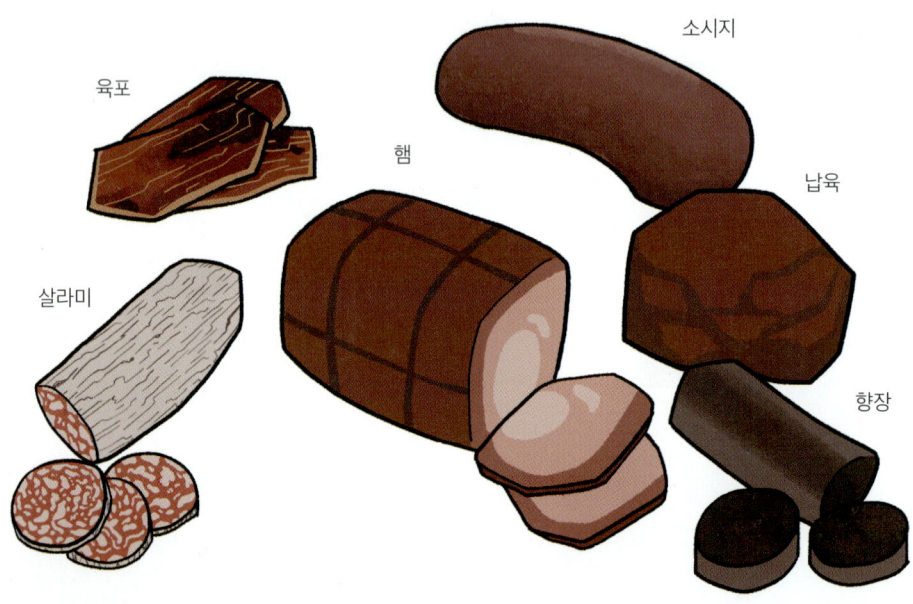

이러한 고기 가공 음식에서
염장, 양념된 다진 고기는 다양하게 존재했고

스테이크 타르타르
steak tartare

몽골식 다진 고기 스테이크.
한국식 육회 같은 음식.

핵 스테이크
Hacksteak

유럽식 다진 고기 스테이크.
잡육을 섞어 만듦.

솔즈베리 스테이크
Salisbury steak

미국식 다진 고기 스테이크.
야채를 넣어 영양을 보강했다.

프리카델레
Frikadelle

돼지고기와 소고기를 섞어 만든
독일식 다진 고기 스테이크.

19세기, 독일의 함부르크 항구에서는
함부르크 스테이크라고 불렸다.

함부르크 스테이크
Hamburg steak

소고기로 만든 다진 고기 스테이크.

한편 19세기,
나폴레옹 전쟁 이후 유럽은
본격적으로 중세 문화에서 탈피하기 시작했다.

1789
프랑스 대혁명

커피 마니아
나폴레옹 보나파르트

1803~1815
나폴레옹 전쟁
Napoleonic Wars

*18세기 유럽의 분위기는
8-2 유럽의 각성제 커피 편 참조

기존의 문화권에서 벗어나
새로운 생활을 하고자 했던 유럽인들은

마! 옛날에는 말이야!!!

종교인

장인

정치인

으... 꼰대들...

함부르크 항구를 통해 미국으로 떠났고

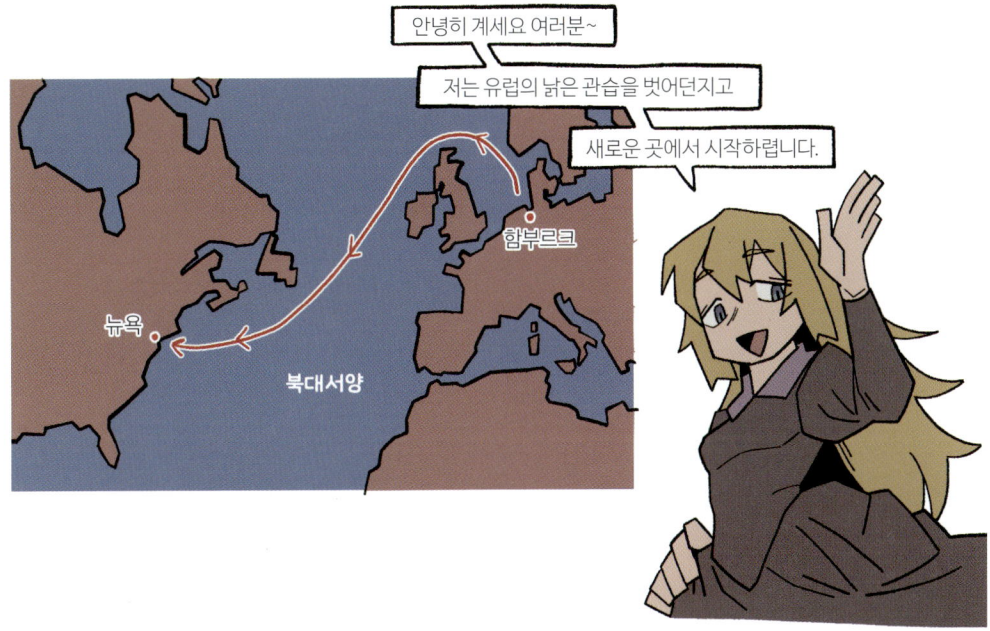

이민자들과 함께 미국으로 넘어간 함부르크 스테이크는
햄버그 스테이크로 불렸으며

자연스럽게 빵 사이에 끼워지며
햄버거라고 불렸다.

햄버거
Hamburger

빵과 빵 사이에
햄버그 스테이크를 끼운 샌드위치.
박람회장이나 길거리 음식으로 팔렸다.

그러나
다진 고기는 무엇이 들어갔는지 모르는 위험 때문에

수상한?
고기

알 수 없는
첨가물

위생

저렴하긴 했지만 모든 사람이 선호하는 음식은 아니었고

스테이크

부럽다...

햄버거의 전성기는
미국 산업화의 전성기인 1920년에 이르러서야 찾아온다.

19세기, 유럽의 신흥 세력이었던 부르주아는 귀족의 견제를 받았지만

미국의 자본가는 견제할 세력이 약했기에

강도 남작이라 불리며 온갖 나쁜 짓을 자행하며 돈을 모으고 있었다.

강도 남작
Robber baron
근대 미국의 자본가.
폭력, 독과점, 노조 탄압, 갈취 등
수단과 방법을 가리지 않고
돈을 모았다.

돈 내놔.

이때,
미국의 유명 자본가 대니얼 드루는
소 중개업으로 돈을 벌었는데

대니얼 드루
Daniel Drew

그는 도축장까지 가며 소들에게 계속 소금을 먹였고

도축장에 도착한 목마른 소들에게 물을 잔뜩 먹여 무게를 늘려 비싸게 팔았다.

대니얼 드루는 소 중개업에서 착안하여
주식 시장에서도 사기를 쳤고

이 행위는
'물타기(Watered stock)'라고 불렸다.

음식 인문학 만화

1890년대 미국,
저렴한 소고기는 미국의 자랑이었다.

세계 어디에서든지 소고기는 돼지고기에 비해 비쌌지만

미국 자본가들은 미국 서부 황무지를 개척하여
소를 대량으로 길렀고

30만 킬로미터에 이르는 철도는 고기를 빠르게 도시로 운송했기에

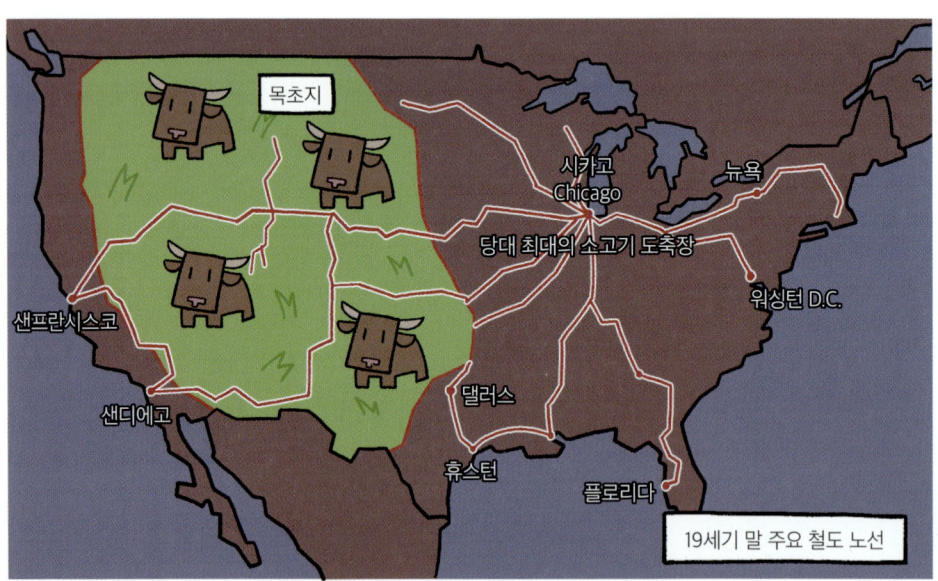

저렴해진 소고기는 미국의 일상이었으며

아주 가난한 이민자들도 소고기를 먹을 수 있었던 것은 미국의 자랑거리 중 하나였다.

이 시기
소고기로 만든 저렴한 햄버그 스테이크는
소시지와 마찬가지로 빵에 끼워져 팔리기 시작했으나

다진 고기는 지저분하다는 인식 때문에
뒷골목의 더러운 음식으로 남아있었다.

9

햄버거
HAMBURGER

|

9-2
1920 햄버거

1916년 미국,
포드 자동차의 창업자 헨리 포드는

포드 모터 컴퍼니(1903~)
Ford Motor Company

헨리 포드
Henry Ford

공장의 생산량 증가를 위해서
컨베이어 벨트를 이용한 분업 시스템을 발명했다.

포드주의
컨베이어 벨트 시스템
1913

컨베이어 벨트 시스템을 통해 대량의 일자리가 만들어졌고

생산량은 대폭 증가했으며

균일한 품질의 제품을 대량 생산할 수 있게 되었다.

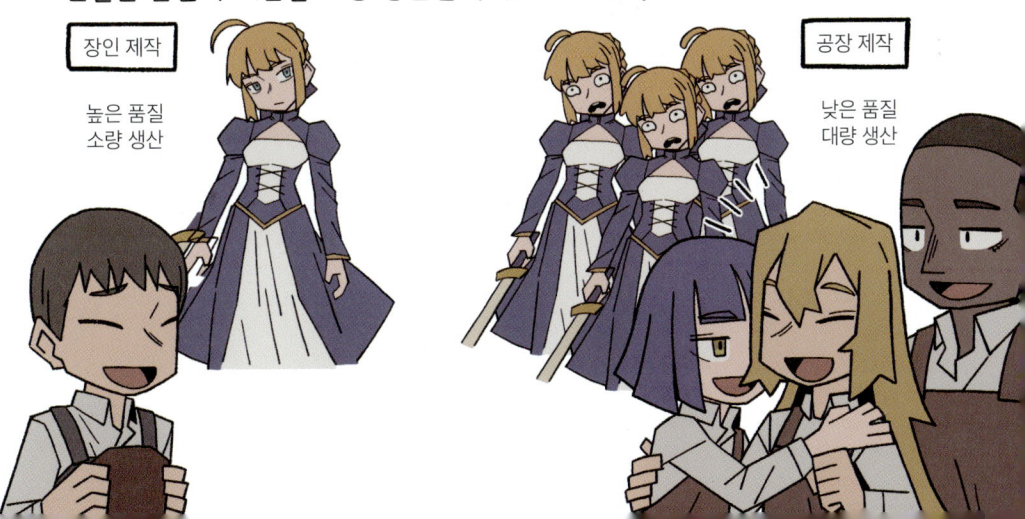

컨베이어 시스템은 남북전쟁 이후 발전하고 있었던
미국 산업화의 절정을 꽃피웠고

산업화
가즈아아아아아!!!!

1920년 미국의 경제는 황금기를 맞이했다.

위대한 개츠비
The Great Gatsby

1920년대 미국의 대표 문학
당대 미국의 풍요로움을
잘 보여주는 작품

이 시기에
음식 사업을 시작한 빌리 잉그럼과 월터 앤더슨은

월터 앤더슨
Walter Anderson
화이트캐슬 햄버거의 창시자.
최초로 패스트푸드 시스템을 만들었다.

빌리 잉그럼
Billy Ingram
체인점 시스템을 만들었으며
햄버거 문화를 만들었다.

햄버거가 시대에 어울리는 음식임을 확신했다.

맛있긴 한데 길거리 음식이잖아.

자동차 시대가 열리면 햄버거 장사는 대박날 거야!

그들은

컨베이어 시스템을 이용하여
값싸고 빠르게 음식을 제공했고

대형 프랜차이즈의 신뢰도를 앞세워

햄버거를 대중에게 선보이게 된다.

슬라이더 버거(1921)
Slider

패티가 얇고 한 손으로
잡을 수 있도록 만든
작은 크기의 햄버거.

두 사람의 예측대로 햄버거는 자동차 시대에 최적화된 음식이었고

균일하고 검증된 공산품을 최고로 생각하는 시대상이 더해져

레빗타운
Levittown
대도시 교외에 지은 일정한 양식의 집.

균일한 공산품(최신)

와 진짜 똑같다!

역시 최신 기술!

다진 고기에 대한 불신을 모두 없애며
대중 음식으로 자리 잡게 된다.

맥도널드 햄버거(1940)
현대의 소고기 패티 햄버거.
슬라이더 버거가 아주 작은 햄버거였다면
맥도널드 햄버거는 오늘날의 햄버거와
거의 유사한 음식이었다.

이후 햄버거는 빠르고 효율적인 시대를 대표하는 음식으로
전성기를 맞이했지만

맥도널드

인앤아웃

화이트캐슬

버거킹

시대 저항 의식에 부딪혀

꽤나 긴 시간 동안 거부당하기도 했다.

그럼에도 불구하고 햄버거는 누구나 쉽게 먹을 수 있는
음식으로써 사랑받았고

햄버거는
빠르고 효율적인 것을 사랑하는 미국을 상징하는 음식으로
자리 잡게 된다.

햄버거를 대중화한 기업은 화이트캐슬이다.

White Castle

화이트캐슬
White Castle

화이트캐슬은 1921년 빌리 잉그럼과 월터 앤더슨이 설립한 요식업 회사로, 미국에서 패스트푸드 레스토랑의 개척자 역할을 한 기업이다.

다진 고기로 만드는 햄버거는
뒷골목의 더러운 음식이라는 인식이 강했는데

햄버거가 대중 음식으로 자리 잡자
햄버거 업계를 둘러싼 왕좌의 게임이 시작된다.

이때 화이트캐슬은 프랜차이즈화에 망설였고

비교적 후발 주자였던 맥도널드는 프랜차이즈화에 적극적이었다.

이 차이로 인해 맥도널드는 햄버거 전쟁에서 승리했고 햄버거 시장의 왕좌에 올랐다고 한다.

레이 크록
Ray Kroc
맥도널드 프랜차이즈 기획자.
현대의 맥도널드를 만든 인물이라 평가받는다.

파운더(2016)
The Founder

맥도널드 이야기는 영화로도 있으니 심심하면 보도록 하자.

맺음말

제작에 도움 준 모든 사람

지식을 전달해준 모든 인문학자와
패러디를 허가해준 모든 작가와
책 제작 작업을 해준 출판사와
원고의 피드백을 해준 모든 지인에게

존경과 감사의 말을 남깁니다.

2025 08 20 리쿤 올림

참고문헌

케첩
음식, 그 상식을 뒤엎는 역사 / 쓰지하라 야스오 저, 이정환 역 / 창해
악마의 정원에서 / 스튜어트 리 엘런 저, 정미나 역 / 생각의 나무
음식의 언어 세상에서 가장 맛있는 인문학 / 댄 주래프스키 지음, 김병화 역 / 어크로스
음식의 숨겨진 역사 / pood 저 / 제이앤제이제이(디지털북스)
A History of Ketchup, America's Favorite Condiment / https://www.epicurious.com/ingredients/history-of-ketchup

맥주
세계사를 바꾼 6가지 음료: 석기 시대의 맥주부터 21세기 코카인까지 / 톰 스텐디지 저, 김정수 역 / 캐피털 북스
그때, 맥주가 있었다 / 미카 리싸넨·유하 타흐바나이덴 지음, 이상원·장혜경 역 / 니케북스
이종기 교수의 술 이야기 / 이종기 저 / 다할미디어
맛있는 맥주 인문학: 맥주 한 잔에 담긴 세상에서 가장 짜릿한 이야기 / 이강희 저 / 북카라반
맥주탐구생활 / 김호 저, 최훈진 감수 / 21세기 북스
맥주 개론 / 정철·박천석·여수환·조호철·노봉수 공저 / 농림축산식품부·한국농수산식품유통공사·광문각출판사

감자
진짜 세계사 음식이 만든 역사 / 21세기 연구회 지음, 홍성철·김주영 역, 홍성철 감수 / 미디어컴퍼니쿠켄
식탁 위의 세계사 / 이영숙 지음 / 창비
(처음 읽는) 식물의 세계사: 인간의 문명을 정복한 식물 이야기 / 리처드 메이비 지음 / 탐나는 책
식물의 인문학: 숲이 인간에게 들려주는 이야기 / 박중환 지음 / 한길사
감자로 보는 세계사: 문명, 기근, 전쟁 / 야마모토 노리오 저 / AK(에이케이커뮤니케이션)
재난 인류: 위기의 순간마다 답을 찾았던 인간의 생존 연대기 / 송병건 지음 / 위즈덤 하우스
[식물로 세상보기] 40. 유럽대륙에 내린 '신의 축복' 감자 / https://www.busan.com/view /busan/view.php?code=20151009000006
역사가 가득찬 감자… "백성 굶기는 나라는 하늘이 버린다" / 최민호 씀 / https://www.sjsori.com/news/articleView.html?idxno=43921

파스타
누들로드 / 다큐멘터리 / KBS
맛의 천재: 이탈리아, 맛의 역사를 쓰다 / 알레산드로 마르초 마뇨 저, 윤병언 역 / 책세상(2016)
맛의 제국 이탈리아의 음식 문화사: 알단테 = Aldente / 파비오 파라세콜라 저, 김후 역 / 니케북스(2018)
면 이야기 / 김한송 저 / 살림출판사(2017)
파스타로 맛보는 후룩후룩 이탈리아 역사 / 이케가미 이치 저, 김경원 역 / 돌베게(2015)

코카-콜라
욕망의 코카콜라 / 김덕호 저 / 지호
커피, 코카 & 코카콜라 / 리카르도 코르테스 저, 박성식 역 / 다빈치
마시는 즐거움: 배고픈 건 참아도 목마른 건 못참아! / 마시즘 저 / 인물과 사상사

초콜릿

(그림과 사진으로 풀어보는) 초콜릿 세계사: 근대 유럽에서 완성된 갈색의 보석 / 다케다 나오코 저, 이지은 역 / 에이케이커뮤니케이션즈

(인류 역사에 담긴) 음식 문화 이야기: 선사 시대부터 21세기까지 / 린다 시비텔로 저 / 최정희·이영미·김소영 공역 / 린

초콜릿의 지구사(A global history of Chocolate) / 사라 모스·알렉산더 바데녹 지음, 강수정 역 / 휴머니스트출판그룹

빵 와인 초콜릿: 사라진 맛과 잃어버린 풍미에 관한 기록 / 심란 세티 저, 윤길순 역 / 동녘

초콜릿의 비밀: 자크 제냉의 아틀리에로 떠나는 미식 여행 / 프랭키 알라르콩 저, 강현정 역 / 시트롱 마카롱

(세계 역사와 지도를 바꾼) 가루전쟁: 설탕 소금 후추 밀 커피 초콜릿 / 도현신 저 / 이다북스

초콜릿 이야기: 이국적인 유혹의 역사 / 정한진 저 / 살림출판사

나쁜 초콜릿: 탐닉과 폭력이 공존하는 초콜릿의 문화 사회사 / 캐럴 오프 저, 배현 역 / 알마

프라이드 치킨

하이 온 더 호그: 흑인 음식은 어떻게 미국을 바꿔 놓았는가? / 다큐멘터리 / 넷플릭스

흑인노예와 노예상인: 인류 최초의 인종차별 / 장 메이에 저, 지현 역 / 시공사

누가 백인인가?: 미국의 인종 감별 잔혹사 / 진구섭 저 / 푸른역사

치킨로드: 문명에 힘을 실어준 닭의 영웅 서사시 / 앤드루 롤러 저, 이종인 역 / 책과 함께

하얀 폭력 검은 저항: KKK의 탄생과 흑인 민권 이야기 / 수전 캠벨 바톨레티 저, 김충선 역 / 오찬돌베개

튀김의 발견 / 임두원 지음 / 부키

치킨인류 = Chicken: 인류의 식탁을 바꾼 새를 탐험하다 / 이욱정 저 / 마음산책

할렘 르네상스: 1920년대 신흑인의 탄생 / 한지희 지음 / 연세대학교대학출판문화원

커피

커피의 시대: 커피는 어떻게 일상 문화를 넘어 세계사가 되었는가 / 장수한 지음 / 제르미날

커피가 묻고 역사가 답하다 / 이길상 저 / 역사비평사

세계사를 바꾼 6가지 음료: 석기 시대의 맥주부터 21세기 코카인까지 / 톰 스텐디지 저, 김정수 역 / 캐피털북스

알고보면 재미있는 커피 인문학 / 최우성 지음 / 퀀텀북스

세계사를 바꾼 커피 이야기 / 우스이 류이치로 저, 김수경 역 / 사람과나무사이

(세상을 바꾼)이슬람: 아시아와 유럽을 연결한 이슬람 문명 / 이희수 저 / 다른

햄버거

햄버거 이야기 / 조시 오저스키 저, 김원옥 역 / 재승출판

맛있는 햄버거의 무서운 이야기: 패스트푸드에 관해 알고 싶지 않은 모든 것 / 에릭 슐로서·찰스 윌슨 지음, 노순옥 역 / 모멘토

초콜릿 이미지 출처

린트 콘칭 머신: https://www.lindt.com.au/world-of-lindt/the-lindt-difference/lindt-invention-conching

반 하우턴 압착기: https://www.barry-callebaut.com/fr-CA/distribution/van-houten/chronologie